Apprenez de votre enfant à...

Devenir un meilleur père

DENIS TAILLEFER

Apprenez de votre enfant à...

Devenir un meilleur père

Guy Saint-Jean

Données de catalogage avant publication (Canada)

Taillefer, Denis, 1957-
    Apprenez de votre enfant à -- Devenir un meilleur père
    ISBN 2-920340-39-5
    Bibliogr.
1. Père et enfant. 2. Pères. 3. Enfants-Développement. I. Titre.

HQ756.T34 1988   306.8'742   C88-096228-3

© Guy Saint-Jean Éditeur Inc. 1988

Dépôt légal 2e trimestre 1988
Bibliothèque nationale du Québec
ISBN 2-920340-39-5

Illustration et conception de la page couverture: Francine André
Montage: Francine André
Typographie: Les Entreprises Ysabelle Inc.

DIFFUSION

France
C Q F D L
12 ter, rue de Lagny
77400, Saint-Thibault-des-Vignes, France
(1) 64.30.57.30

Belgique et Suisse
Vander S.A.
Avenue des Volontaires, 321
B-1150 Bruxelles, Belgique
(2) 762.98.04

Amérique
Diffusion Prologue Inc.
2975, rue Sartelon, Ville Saint-Laurent
(Québec) Canada H4R 1E6
(514) 332-5860

GUY SAINT-JEAN Éditeur Inc.
674, Place Publique, bureau 200
Laval (Québec) Canada H7X 1G1
(514) 689-6402

Imprimé et relié au Canada

Table des matières

Remerciements

Je voudrais d'abord témoigner toute mon affection à mes parents, à ma famille, à mes amis: Manon Taillefer, Réginald Tremblay, Denise-Philomène Courteau, ainsi qu'à tous ces enfants qui occupent une si grande place dans ma vie.

Un merci bien spécial à Lucie Dumais pour son aide et ses corrections durant la rédaction de ce volume, ainsi qu'à Serge Bérubé pour sa précieuse collaboration à la dactylographie du manuscrit.

J'aimerais aussi souligner l'apport de Pierre Morin à la correction finale du volume, remercier l'abbé Paul Tremblay pour ses commentaires et ses remarques pertinentes et remercier le Frère Roger Mailloux pour son encouragement au cours de la rédaction.

Je termine en exprimant ma reconnaissance à tous ceux et celles qui ont contribué à faire en sorte que cet ouvrage soit finalement édité.

Préface

Les parents les plus avertis font face, au cours de leur vie d'éducateurs-naturels, à des problèmes aussi épineux qu'imprévus.

Écrire sur le rôle des parents n'est pas facile. Traiter du rôle du père est encore plus audacieux à une époque où la famille cherche sa propre définition.

Présenter le père idéal, lui indiquer la direction d'une voie sûre, balisée de riches conseils n'est pas tâche facile.

L'auteur de ces lignes, Denis Taillefer, ose le faire avec une audace qui n'a d'égal que son dynamisme. Denis, professeur ayant plusieurs années d'expérience, occupe une place confortable parmi les éducateurs chevronnés.

Son sens des responsabilités, ses nombreuses initiatives, ses confidences, ses relations avec les adolescents lui ont permis d'établir des principes de base et des conclusions valables sur les besoins des jeunes et sur l'approche pédagogique nécessaire dans l'éducation. Denis vise à lancer un adolescent vers l'avenir en le préparant à faire face à ses responsabilités d'adulte.

Cet excellent professeur sait enthousiasmer un individu et même un groupe tout entier. Il sait les amener au dépassement et à la générosité.

Le rôle de père, de personne responsable, d'éducateur adulte, Denis l'a apprivoisé après avoir observé son enfance, son adolescence et sa carrière d'éducateur.

Nous ne doutons pas que ces pages écrites avec les fibres de son âme seront de nature à questionner le père de famille sur son rôle d'éducateur-naturel.

Souhaitons que les professeurs en tireront également des informations utiles pour la réussite de leur carrière d'éducateur. Éduquer d'abord, voilà le premier objectif que la société est en droit d'attendre d'un vrai père et d'un véritable éducateur.

Roger Mailloux,
Directeur de l'Externat Sacré-Coeur de Rosemère.

Introduction

Entre la naissance et la mort de son enfant, le père doit lui apprendre à s'occuper de sa personne, assumer son présent et lui aider à prendre en charge son propre devenir.

Mon vécu avec les adolescents, dans mon rôle d'enseignant et d'entraîneur, m'a sensibilisé à leurs joies, leurs tristesses, leurs colères et leurs peurs.

En observant la relation que j'ai eue avec mon père, j'ai identifié certains besoins et certaines attentes de la part de l'enfant. J'ai aussi constaté que la présence du père est indispensable pour répondre à la demande de celui-ci. Un père trop préoccupé par ses problèmes et ses occupations n'est donc pas disponible à son enfant.

Cette rencontre que j'ai la chance de vivre chaque jour avec les adolescents m'a permis de réaliser comment chacun d'eux avait besoin d'être accepté, sécurisé et reconnu par son professeur, par ses amis mais surtout par son propre père.

J'ai voulu aider le père à se rapprocher de son enfant et lui donner des moyens pour développer son savoir-faire et son savoir-être, afin que chacun finisse par se rencontrer.

Nous apprenons à être père en imitant le modèle que nous avons eu ou en évitant de lui ressembler.

Ce livre est un outil pour aider le père à apprivoiser son rôle afin de mieux l'assumer.

D'autre part, la relation que vous avez eue avec votre père ou d'autres pères-substituts (professeur, entraîneur...) sera mieux définie à vos yeux après la lecture de cet ouvrage.

Que cette lecture vous serve à mieux comprendre votre histoire avec votre père et à vivre mieux celle que vous aurez avec votre enfant.

Vous découvrirez que votre absence peut provoquer chez votre enfant une sorte de vide ou de détresse, alors que votre présence peut lui apporter sécurité, identité et force de vivre.

Si vous n'avez pas appris à être père, apprenez-le de votre enfant !

Denis Taillefer

CHAPITRE 1

Devenir un bon père pour le meilleur... et sans le pire

Le choix personnel et les influences

Lorsque nous choisissons de devenir père, sommes-nous en mesure d'évaluer jusqu'à quel point cette décision est réellement la nôtre ? Vous savez sans doute que l'environnement, la société et votre conjointe ont une certaine influence sur vous. Vous connaissez le scénario classique du couple:

1- on rencontre une femme
2- on cohabite avec elle
3- on achète la maison et les beaux meubles
4- un enfant pour quand ?

Un enfant pour quand ? Voilà la question à laquelle on répond souvent de façon illusoire. On veut respecter les principes du bon père définis par la société. On veut montrer qu'on est capable d'être et de faire comme les autres.

Le vieux dicton «tout le monde le fait, fais-le donc !» a déjà servi à une station de radio pour faire augmenter sa cote d'écoute. Ce slogan vous a-t-il influencé ? La société incite grandement l'homme à procréer. Jusqu'à quel point les hommes se voient-ils dans cette société d'abord comme être humain et non comme reproducteur ?

706378

La famille est le prolongement de la société. Qu'en pensez-vous ? Selon vous, le scénario classique vous a-t-il influencé ? C'est très tentant d'avoir un enfant, surtout si la société vous valorise en tant que père et si elle met l'accent sur le fait que c'est anormal de ne pas avoir d'enfants quand on vit avec une femme.

La société a tellement de pouvoir qu'elle développe chez plusieurs hommes ce sentiment d'être déficient, d'être un «pas bon», un impuissant ou un raté, si on ne met pas au monde un enfant ou si on ne veut pas se reproduire.

D'autre part, la famille et les amis ont-ils eu de l'importance dans votre décision d'être père ?

En général, la famille et les amis agissent un peu selon le même modèle que la société. «À quand les enfants ?» Même chez lui, l'homme subit d'autres pressions sociales pour activer sa reproduction. Quoi qu'il en soit, c'est un désir généralisé chez les membres de notre société de vous voir devenir un jour un «heureux papa».

Votre conjointe a-t-elle eu sa part de responsabilité dans votre choix d'avoir un enfant ? **Jusqu'à quel point respectez-vous vos propres désirs dans cette décision face à votre conjointe ?**

Certaines femmes sont encore très «hantées» par le besoin d'enfanter. Êtes-vous en mesure d'évaluer jusqu'à quel point c'est pour vous d'abord, et non pour faire plaisir à votre conjointe que vous voulez avoir un enfant ? L'individu, en général, donne à l'autre ce qu'il attend, de peur d'être rejeté ou abandonné.

L'environnement, la société, les valeurs, les modes de vie, les stéréotypes enchaînent et condamnent l'homme à la reproduction et à la production.

Avant qu'il ne soit trop tard, pourquoi ne pas mieux y penser ?

«Faire un enfant c'est facile, c'est après que ça prend du talent» chantait Claude Gauthier.

Le phénomène de la reproduction n'est qu'un détail quand on pense à toutes les responsabilités rattachées au développement des enfants.

Être père est-ce seulement démontrer biologiquement qu'on est viril ? Ou prouver à la société, la famille et la conjointe qu'on peut être un bon père.

Jusqu'à quel point voulez-vous être père ? Jusqu'à quel point désirez-vous «passionnément» être père d'un enfant ? Jusqu'à quel point votre désir a-t-il été entretenu et nourri jusqu'à vouloir faire naître un enfant ? Analysez bien vos priorités et méfiez-vous des pressions de votre entourage.

Il me semble qu'il est important de se poser toutes ces questions avant de donner le jour à un enfant. Votre enfant n'a pas demandé à venir au monde. C'est vous, et seulement vous, avec vos réflexions et vos questionnements, qui pouvez définir les vraies raisons pour lesquelles vous voulez un enfant.

1- *Êtes-vous en mesure de nommer les vraies raisons pour lesquelles vous voulez un enfant ?*

_____

_____

2- *Êtes-vous en mesure de connaître les vraies raisons pour lesquelles votre conjointe désire être mère ?*

_____

_____

Ce dialogue et l'échange avec votre conjointe vous permettront de reconnaître que chacun de nous veut un enfant pour des raisons toutes aussi semblables que différentes. Il est donc important de connaître ses vraies raisons aussi bien que celles de sa conjointe. Sinon, vous pouvez faire fausse route et vous perdre en chemin. L'éducation de votre enfant peut en souffrir.

Être en contact avec ses besoins réels signifie être capable de faire le bon choix pour soi et de se tenir debout devant toutes les pressions sociales, familiales et conjugales pour se respecter à part entière. Nietzsche disait: «Deviens ce que tu es».

Être soi-même est plus profitable pour vous que d'être ce que les autres aimeraient que vous soyez. Il vaut mieux être à l'écoute de soi que de changer pour répondre aux besoins et aux attentes de la société, de la famille et de la conjointe.

Faire le bon choix pour vous, c'est déjà prendre soin de votre personne. Cette démarche favorisera l'accueil de votre «moi» et du nouveau-né. Aussi, c'est vous rendre un grand service que de réfléchir et de vous questionner sur ce choix. N'oubliez pas que c'est vous qui décidez de mettre au monde et de donner la vie à votre enfant. Car, avec le temps, il vous sera difficile de revenir en arrière pour refaire votre vie.

Il est de toute évidence fondamental de connaître les vraies raisons qui vous motivent à donner la vie à un enfant, par exemple: être heureux, confortable, satisfait, enthousiasmé par la présence du nouveau-né dans votre vie. Votre enfant ressentira l'amour, l'accueil, la disponibilité, la chaleur, l'affection, la compréhension et les autres ressources humaines que vous possédez s'il est en présence d'un père qui a profondément désiré son enfant.

Il est important de vous signaler que si vous n'êtes pas capable d'évaluer clairement ce qui vous motive à avoir un enfant, vous risquez d'avoir mal et de vous blesser si ce dernier vient à naître. Il est indispensable d'être prêt émotivement à recevoir son enfant.

3- *Selon vous, êtes-vous satisfait de l'accueil que vous avez reçu à votre naissance et qui s'est prolongé durant toute votre enfance ?*

_____

_____

4- Comment aimeriez-vous accueillir votre enfant à sa naissance ?

_____

_____

5- Estimez-vous que vous êtes prêt émotivement à recevoir un enfant ?

_____

_____

Rappelez-vous qu'il est préférable pour vous de savoir clairement ce qui vous attend lors de la naissance d'un enfant. Celui-ci a besoin de la **présence** de son père et pour longtemps.

La naissance d'un enfant, à quel prix ?

Il est vrai que lorsqu'on fait son propre choix consciemment dans la vie, on accepte plus facilement les sacrifices, les obstacles, les privations et les épreuves qui en découlent. On supporte mieux les avantages et les désavantages de ses propres choix. Déjà c'est un point de départ à considérer, lors de la naissance d'un enfant. Comme pour toutes les décisions que vous prenez, vous devrez en payer le prix. Rien n'est gratuit, finalement. Évidemment, vous vous accordez le privilège de donner la vie à un enfant. Beaucoup d'hommes en sont privés. Il vous faut toutefois envisager cette perspective de façon réaliste. Plus vous désirez cet enfant, plus vous serez prêt à en payer le prix, et moins vous en souffrirez.

6- Trouvez-vous que vous payez cher pour avoir cet enfant ?

_____

_____

7- Vous sentez-vous capable de vous sacrifier et de vous priver au profit d'une naissance ?

_____

_____

8- Le prix que vous payez pour avoir un enfant en vaut-il vraiment la peine ?

_____

_____

Ces dernières questions vous ont sans doute fait réfléchir sur le prix que vous devez être prêt à payer pour être père.

D'autre part, l'enfant n'a pas choisi de naître et n'a pas non plus choisi ses parents lors de sa naissance, alors pourquoi n'adopteriez-vous pas l'attitude que vous auriez aimé qu'on ait à votre naissance ?

L'enfant n'a pas à être victime de votre choix et n'a pas à payer le prix de votre dette. **Il doit recevoir de son père ce que vous avez toujours demandé ou attendu du vôtre.** Vous possédez d'excellentes qualités humaines pour répondre aux besoins et aux intérêts d'un enfant. Un bon jugement et du gros bon sens vous guideront dans cette démarche. Vous êtes indispensable pour votre enfant. Vous pouvez, dans vos relations avec lui, en profiter pour grandir aussi.

Tous les psychologues sont d'accord pour affirmer que le père joue un rôle déterminant dans le développement de l'enfant. Non seulement la mère, mais le père se doit d'apprendre à accueillir, recevoir, écouter, comprendre, réconforter, caresser, encourager, considérer, aimer, apprivoiser... son propre enfant autant que dialoguer et jouer avec lui. Ce dernier a exactement les mêmes besoins que vous aviez lors de votre propre naissance.

9- Qu'est-ce que vous souhaiteriez pour votre enfant ?

_____

_____

Ce premier chapitre vous a peut-être paru fastidieux par ses nombreuses réflexions et questions, mais je crois qu'il vaut mieux faire quelques efforts d'introspection avant qu'après. N'est-ce pas une bonne façon de bien commencer sa paternité ? Dans ce premier chapitre j'ai voulu attirer votre attention sur votre responsabilité de père.

Voilà les raisons de devenir père pour le meilleur et sans le pire.

Lors d'une conférence à l'oratoire St-Joseph de Montréal, Jean Vanier disait: «Je ne sais pas si un enfant est conscient à la naissance d'être paralysé ou handicapé mais je sais qu'il est conscient d'être aimé, attendu, voulu, désiré et accueilli».

NOTES PERSONNELLES:

Par exemple:

Résumez le chapitre. Écrivez les phrases ou les extraits qui vous ont particulièrement touché. Ajoutez ce que vous auriez aimé y retrouver. Quels sont les points que vous aimeriez discuter avec votre compagne, votre père, votre ou vos enfants, etc.?

CHAPITRE 2

«Quel type de père êtes-vous ?»

Quelques questions sur le père que vous devenez.

Ce chapitre vise spécialement à vous identifier et à vous représenter comme père afin de mieux vous connaître.

D'abord, choisissez le type de père auquel vous ressemblez le plus dans la liste qui suit: père idole, père absent, père inconnu, père exigeant, père modèle, père Noël, père étranger, père héros, père gâteau, père nourricier, père autoritaire, père critique, père missionnaire, père aidant, père laisser-faire, sur-père, père éducateur, père affectueux... (complétez la liste si vous voulez).

1- Comme ce livre a pour but de vous aider à devenir un meilleur père pour vous et vos enfants, pouvez-vous définir quel genre de père vous êtes ou quel genre de père vous croyez être un jour ?

2- Demandez à des êtres chers de vous décrire comme père.

_____

_____

_____

3- Comparez votre perception avec la perception que les autres ont de vous comme père.

– points semblables:_____

_____

– points différents:_____

_____

Malheureusement, on s'attarde généralement très peu à ce genre de questions.

Cependant, ces réflexions vous servent à vous ajuster et à faire les mises au point nécessaires sans pour autant vous remettre toujours en question.

> Travailler sur soi, ce n'est jamais du temps perdu mais de l'attention et une récompense que l'on s'offre.

Vous savez qu'il est toujours plus facile de critiquer les autres que de réfléchir sur soi. Ce questionnement vous apportera une meilleure image de vous et une meilleure perception. Vous pourrez faire votre portrait comme homme et comme père.

Sans tomber dans l'exagération, on peut affirmer que la réflexion et le questionnement sont des signes de maturité et de sagesse. Alors bravo à tous !

4- Pour vous amuser un peu, dessinez l'objet qui vous représente le mieux comme père et commentez pourquoi.
(exemple: toit - sécurité)

5- Dans le même sens que la question 4, dessinez l'objet qui représente le mieux la perception que les autres ont de vous comme père et commentez pourquoi.

6- Dessinez ou décrivez l'animal qui vous représente le mieux comme père et commentez pourquoi.

7- Dessinez ou décrivez la saison qui vous représente le mieux comme père et commentez pourquoi.

8- Dessinez ou décrivez l'arbre qui vous représente le plus comme père et commentez pourquoi.

9- Dessinez ou décrivez la place que vous occupez auprès de vos enfants dans la famille et commentez pourquoi.

25

10- *Écrivez les mots qui vous viennent à l'esprit et qui vous représentent le mieux comme père.*

_____

_____

En conclusion, si vous avez une image positive de vous comme père, je vous encourage donc à continuer de travailler sur vous-même. Toutefois, vos enfants ont peut-être une perception différente de la vôtre, consultez-les !

Si votre perception vous semble négative, elle peut s'améliorer si vous devenez votre propre parent. Trouvez ce qui est bon pour vous. Vous serez par la suite mieux préparé à aider votre enfant. Faites vos propres apprentissages, ils serviront à votre enfant.

Ce chapitre définit sûrement pour vous un portrait plus juste et réel de vous-même. Il faut le prendre comme un moyen de poursuivre un cheminement vers la réalisation de soi comme homme et comme père. À l'aide de ces réflexions, vous serez en mesure de faire d'autres apprentissages. Mais il vous faut **consentir** à le faire, sinon il n'y a pas de changement. Il ne faut pas vous sentir effrayé, démoli, découragé par vos réponses. Elles sont pour vous des moyens de faire votre propre croissance personnelle. Ces réponses servent à vous situer et à vous ajuster avec le temps, ne lâchez pas. Peut-être avez-vous le goût d'arrêter pour vous reposer et vous retirer de ce volume ? Ne vous sentez pas coupable de le faire, c'est bien normal. Si vous vous en sentez capable, répondez à cette dernière question:

11- *De quel type de père votre enfant a-t-il besoin dans notre société ?*

_____

_____

NOTES PERSONNELLES:

CHAPITRE 3

Devenir père pour soi et son enfant

Votre moi-enfant

Notre moi est divisé en moi-enfant, moi-adulte et moi-parent. Chaque adulte possède un moi-enfant. Il représente une part importante de notre personnalité. Le moi-enfant c'est l'instinct primaire, le monde des émotions, des sentiments, des besoins et des sensations. Il est donc important d'être en contact avec son moi-enfant même à l'âge adulte. **Redécouvrez l'enfant en vous et détachez-vous du parent intérieur qui l'étouffe.**

Malheureusement, le moi-enfant occupe souvent une très petite place dans le développement de la personne. Et pourtant, qui n'aime pas se faire gâter ? Qui n'aime pas recevoir des encouragements, des compliments, de la reconnaissance ou des attentions ?

L'équilibre de l'adulte dépend énormément de la santé de son moi-enfant. Dans votre enfance, vous avez été nourri par vos parents. Ils vous ont donné ce qu'ils ont été capables de donner. Toutefois, vous avez, comme tout le monde, remarqué des carences ou des manques. Maintenant que vous êtes adulte, vous êtes en mesure de combler les lacunes de votre enfance en devenant votre propre parent. **En choisissant d'être votre propre père ou mère, vous vous donnez les moyens de prendre soin de votre moi-enfant.**

C'est agréable de pouvoir choisir son propre père ou sa propre mère. Seulement vous, en tant qu'adulte, savez quels sont les véritables besoins de votre moi-enfant.

Vous êtes le seul sur terre qui puisse répondre à vos besoins. Vous savez ce qui est bon pour vous. Prendre soin de soi est un geste indispensable pour être libre, épanoui et équilibré.

Vous ne pouvez pas refaire le passé ou réclamer une dette à vos parents, mais vous pouvez choisir maintenant de combler les vides. En tant qu'adulte, mieux vaut accepter le fait que vos parents vous ont donné ce qu'ils ont pu. En vous occupant de votre moi-enfant, vous deviendrez votre propre «Père Noël».

S'accorder du temps, de l'attention, du respect, de l'écoute, de l'acceptation, de la compréhension sont des gestes qui vous conduiront vers un grand épanouissement. C'est s'offrir le plus beau cadeau du monde.

1- *Décrivez le père idéal que vous auriez aimé avoir. Commentez pourquoi.*

_____

_____

_____

_____

En répondant à la question 1, vous avez fait un grand pas dans la prise en charge de votre moi-enfant. L'expérience d'être son propre père vous permettra de mieux vous connaître, mieux vous comprendre, mieux vous accepter, mieux vous respecter et aussi, mieux vous **accueillir.**

L'accueil que l'on se fait est très important. Il faut éviter de se rejeter dans les situations quotidiennes de la vie. Notre moi-enfant a besoin d'exister, de vivre, de s'amuser, d'aimer et d'être aimé.

Denis Pelletier disait dans son livre, **l'Arc en Soi**: «Il y a au centre de chacun une présence qui demande à être au monde».[1]

Il faut évidemment être à l'écoute de son moi-enfant pour qu'il puisse **s'affirmer.**

Devenir son propre père, c'est avancer d'un grand pas. C'est accepter le passé et l'histoire. C'est se nourrir pour mieux nourrir. C'est se nourrir comme on nourrit la racine d'une plante ou d'une fleur. Tout part de l'enracinement.

---

1. **L'Arc en soi,** Denis Pelletier, éditions Robert Laffont Stanké, 1981, p. 176.

S'occuper de soi, c'est prendre du temps pour soi, c'est se faire un cadeau à chaque fois. S'offrir des attentions, c'est développer de **l'estime pour soi**; quel remède pour guérir plusieurs maladies !

Alors avant que ne surviennent les maladies, répondez aux besoins et aux attentes de votre moi-enfant. Il est vulnérable et fragile; prenez-en soin.

2- *Décrivez ce que vous auriez aimé recevoir de votre père et que vous n'avez jamais reçu dans votre enfance.*

_____

_____

En considérant la question 2, il est possible à l'âge adulte de vous accorder les choses que vous n'avez jamais reçues.

Voici donc deux options:

1re option

On peut se donner ce qu'on aurait aimé recevoir en choisissant des individus qui répondent à nos besoins et à nos attentes. Vous avez, dans votre environnement social, **choisi** et **identifié** des amis qui comblent le vide de votre enfance. Les adultes ont l'habitude et la réflexe de s'orienter vers des gens qui les admirent et les estiment.

3- *Quels types de gens choisissez-vous et commentez pourquoi.*

_____

_____

4- *Quels types de gens vous estiment et commentez pourquoi.*

_____

_____

Il est facile de pouvoir dire pourquoi on choisit telle personne, mais le contraire est plus difficile à évaluer. L'adulte est porté à considérer l'autre sans regarder pourquoi l'autre le choisit. Il accorde beaucoup de pouvoir à l'autre et il a tendance à se diminuer par rapport à celui-ci.

Avez-vous de l'importance à vos yeux ? On vous choisit parce que vous avez de l'importance.

> *L'estime de soi est un facteur déterminant dans le bien-être de l'adulte.*

Il faut croire en soi-même !

Un regard intérieur vous offrira l'occasion d'être en contact avec votre estime, vous serez donc disposé à recevoir les considérations que les autres ont de vous. Lorsque l'adulte possède une faible estime de soi, les attentions ou les considérations qu'on lui accorde sont très diminuées. Elles n'ont plus la même valeur.

Il est fortement recommandé de développer l'estime de soi pour être mieux dans sa tête et dans sa peau.

2e option

On peut aussi combler ce qu'on aurait aimé recevoir de son père en devenant son propre père. Je répète qu'il faut d'abord essayer d'accepter le passé, et aussi le comprendre.

Cependant, il est possible que vous ressentiez beaucoup de souffrance avant de combler les vides. Ce n'est pas facile de faire le point et de corriger la situation. Toutefois, lorsqu'on regarde le problème en face, on risque fortement de trouver des solutions.

Jamais il ne sera possible pour un père de combler, remplir, répondre totalement aux besoins, aux attentes et aux demandes de son enfant. Comprendre le passé vous aidera à mieux l'accepter !

Ce n'est jamais du temps perdu que de travailler sur sa personne. Plus vous serez comblé, plus vous aurez la possibilité de combler votre propre enfant dès sa naissance. Vous serez mieux préparé à **l'accueillir.**

Chacun de nous aurait aimé un père accueillant, disponible, protecteur, sécurisant, affectif, chaleureux, émotif, sensible, attentif, expressif, communicateur... Maintenant chacun doit faire face à la réalité. On peut rester accroché au passé et à ses souvenirs, mais cela n'avance à rien. Rien ne sert de développer du ressentiment, de la haine ou de culpabiliser les autres pour ce qui nous manque.

Accepter son passé et assumer le présent c'est devenir un bon père pour soi.

Tout peut grandir lorsqu'on accepte les choses que l'on vit.

Lorsque nous refusons de voir ce qui nous manque, nous fermons la porte à notre moi-enfant qui ne demande qu'à venir au monde.

Le moi-enfant a besoin de s'abandonner, de **se laisser aller** et de **grandir**, alors ouvrez-lui la porte vers le bonheur et la guérison.

5- *Nommez des gens que vous choisiriez comme père et commentez pourquoi.*

_____

_____

6- *Qu'est-ce que vous aimez des gens que vous avez choisis à la question 5 ?*

_____

_____

7- *Y a-t-il un point commun entre les gens que vous avez choisis ? Si oui, lequel ?*

_____

_____

8- *Êtes-vous capable d'identifier des gens qui vous aimeraient comme père ?*

_____

_____

9- *Dites pourquoi ils vous auraient choisi ?*

_____

_____

10- *Y a-t-il un point commun entre ceux que vous avez choisis et ceux qui vous choisiraient comme père ? Si oui, lequel ?*

_____

_____

À l'aide des réponses aux questions 5 à 10, vous avez pu identifier les vraies raisons qui vous motivent à choisir tel type de personne comme père. Aussi, vous avez pu identifier les vraies raisons qui motivent les autres à vous choisir comme père.

Faire un choix, c'est avant tout savoir ce que l'on veut vraiment. Apprenez à vivre selon vos exigences, vos normes et vos désirs.

La première partie de ce 3e chapitre vous a amené à identifier les vrais besoins de votre moi-enfant. Par ces réflexions, vous comprendrez mieux votre rôle de père. Vous connaissant mieux, vous serez plus disponible pour répondre aux besoins de votre enfant.

Apprendre à se connaître n'est pas du temps perdu. Lorsque vous augmentez votre pouvoir intime, vous augmentez votre pouvoir sur l'environnement.

Donc, j'espère que ces réflexions vous serviront à être mieux dans votre peau et mieux avec votre enfant.

Mieux vous vous connaîtrez, plus vous donnerez et plus vous recevrez. Le pouvoir est une qualité qui se développe. En augmentant votre pouvoir intime et votre compétence en tant qu'être humain, vous deviendrez le meilleur «Père Noël» du monde.

Votre enfant et vous

Dans la seconde partie de ce chapitre, nous parlerons de la relation entre le père et son enfant.

Vous réaliserez que votre enfant pourra vous mettre en contact tout au long de votre vie avec votre moi-enfant; il vous aidera à naître.

Être en contact avec son moi-enfant, c'est accepter de vivre ses émotions, ses sensations, ses sentiments, ses peurs, ses excitations et ses instincts primaires.

Donnez-vous la chance de faire vivre votre moi-enfant pour mieux accueillir l'enfant que vous avez mis au monde ou celui que vous désirez faire naître.

Par la naissance de votre moi-enfant, vous ferez naître spontanément une relation d'aide avec l'enfant à qui vous donnerez la vie.

Trop d'adultes jouent un rôle. Le père héros ou le sur-père. Celui qui est au-dessus de tout. Celui qui ne s'arrête jamais, ne s'écoute pas et ne se respecte pas. Celui qui s'arrête quand la maladie ou la fatigue le frappent ou qu'un accident lui arrive. Souvent l'adulte apprend à se remettre en question après un choc émotionnel comme un décès, une peine d'amour ou un incident sérieux.

La vie fait en sorte qu'elle nous marque à des moments bien précis. Les choses nous arrivent comme si c'était prévu. Demandez aux astrologues. **Il nous arrive souvent ce qui nous ressemble le plus.** C'est dans les épreuves que l'on grandit. Chaque être est conçu pour vivre ce qu'il peut vivre. Rien n'est laissé au hasard. Chacun crée sa destinée en étant ce qu'il veut bien être. Il y a toujours une bonne raison pour laquelle les choses nous arrivent.

Être père c'est faire face à plusieurs facteurs en dehors de notre volonté tels que le temps, la mort, les accidents, les blessures, les épreuves, etc.

Vous pouvez tout simplement mieux vous préparer à vivre ces épreuves et à mieux les accepter. Il vous sera donc plus facile de vous en distancier et de poursuivre votre vie sans entrave.

Pour vous comme pour votre enfant, apprenez à exprimer vos émotions; il est important d'y faire face pour s'en libérer et ne pas les refouler. C'est tout cet univers émotionnel qui fait que l'on existe vraiment et que l'on est bien intérieurement.

Permettez-vous de crier, pleurer, rire, sauter, danser, chanter, vivre, exister, vous épanouir, lâcher prise et vous abandonner. Votre enfant recevra un héritage très favorable à son épanouissement.

Apprenez pour vous et votre enfant à vous laisser aller.

Rappelez-vous que vous devenez inconsciemment le père que vous idéalisez pour votre moi-enfant. Que votre idéal soit beau et grand afin que votre enfant reçoive le plus bel héritage.

Souvenez-vous qu'il est mieux de rêver au Père Noël que d'y croire. Comprenez qu'on peut toujours devenir comme celui qu'on admire. C'est pourquoi votre rôle de père a une dimension importante sur le développement de votre enfant. Vous êtes le premier homme dans sa vie. Sachez bien vous représenter.

Vous êtes son idole, son étoile et son modèle. Il vous imitera. Comme il ne vous a pas choisi à sa naissance, faites en sorte d'être à ses yeux le plus bel exemple.

La relation que vous aurez avec votre enfant dépendra de ce que vous avez reçu dans votre enfance et du **cheminement** que vous aurez fait avant d'être père.

> *Votre* **passé**, *votre* **histoire** *et votre* **vécu** *sont trois facteurs primordiaux dans votre rôle de père.*

Parmi vous il y a des hommes qui n'ont pas reçu beaucoup de leur père. Certains d'entre vous vivent de la vengeance, de l'agressivité, du ressentiment, de la tristesse ou de la frustration vis-à-vis de leur propre père.

Chaque être humain a besoin d'aimer et d'être aimé. L'enfant, l'adulte et le vieillard auront toujours besoin d'aimer et d'être aimé parce que chaque humain possède un moi-enfant plus ou moins satisfait.

Avant que l'enfant ne vive une peine d'amour avec son père, il est fondamental d'être en contact avec lui, d'être à l'écoute de ses besoins et de ses attentes. Il a besoin de votre présence et de votre disponibilité pour développer sa **sécurité affective.**

11- *Qu'est-ce que vous avez le plus reçu de votre père ?*

_____

_____

12- **Qu'est-ce qui vous a le plus manqué de votre père ?**

_____

_____

13- *Qu'est-ce que vous avez le plus à donner à votre enfant ?*

_____

_____

14- *Qu'est-ce que vous pourriez améliorer pour renforcer votre relation avec votre enfant ?*

_____

_____

En conclusion de ce chapitre, il est essentiel de comprendre que la relation que vous établirez avec votre enfant dépend de vous. Vous ferez de nombreux apprentissages avec lui. Car la présence de l'autre nous aide grandement à nous **regarder** à travers lui. On apprend par et avec l'autre. Vous êtes indispensable à votre enfant pour qu'il développe son identité.

Je vous suggère de prendre le temps de le **regarder** et de **l'écouter** et vous découvrirez qu'il est unique au monde. Par votre présence, vous lui transmettez ce qu'il y a de plus beau en vous.

En prenant du temps pour le regarder et l'écouter, vous arriverez à mieux le connaître, à mieux le comprendre, à mieux l'aider et à mieux vivre en sa présence, **attitudes que certains pères n'ont pas apprises.**

NOTES PERSONNELLES:

CHAPITRE 4

Les raisons et les façons d'être un père

Du père-ordinateur au père-personne

La société actuelle influence grandement notre façon d'être et de vivre.

Quand vous avez le statut de père, elle vous impose un rôle bien défini. Elle exige aussi de vous des fonctions et des tâches bien précises.

La société a-t-elle une influence sur vous ?

Par les principes et les valeurs qu'elle véhicule, celle-ci peut vous transformer. Avez-vous la sensation d'être accepté, écouté ou respecté comme père ?

En tant qu'être humain, ne méritez-vous pas plus qu'un rôle de simple reproducteur ou de pourvoyeur ?

Vous avez le droit fondamental d'être le père que vous voulez être. Alors, brisez les règles du jeu que la société vous impose partout dans votre vie.

Vous possédez des émotions et des sentiments qui rejoignent vos propres principes et vos propres valeurs.

«Celui qui est doté de confiance en soi, par ailleurs ose être honnête et ouvert. Il s'accepte lui-même en tant qu'individu. Il fait preuve d'une intégrité fondamentale de caractère».[1]

La société s'installe dans votre vie et détermine vos choix et vos attitudes. Elle influence donc, votre rôle de père.

Le père est conditionné et programmé comme un ordinateur en vue du travail, de la réussite, du pouvoir et de la performance.

Le père, tout autant que la mère, possède de bonnes qualités pour éduquer, instruire et prendre soin de la santé de son enfant.

Devenez un bon père pour vous et votre enfant.

La société est à votre service, si vous en êtes indépendant.

Observez comment elle exige que vous soyez à la hauteur dans tous les domaines. Cette société qui vous demande de consommer, de produire, d'êter performant, de réussir au travail, en amour, dans les loisirs, dans les sports, au lit, en auto, à l'école. Partout, vous êtes forcé de répondre à des normes d'excellence imposées par la société, la famille, les amis, la conjointe et les enfants.

S'accepter, se respecter et s'écouter sont de bonnes façons d'apprendre à s'aimer. **Rien au monde ne peut vous interdire de vous aimer.** Sauf si vous vous référez au modèle de la société; ce modèle qui est branché sur la **non-acceptation**.

On ne vous accepte pas si vous ne vous conformez pas à ce modèle. C'est à vous de contrôler l'emprise qu'elle a sur vous, afin de vous en libérer.

L'estime de soi est la clé pour lutter contre l'influence de son environnement. **Croire en soi**, *c'est rester debout malgré toutes les pressions sociales et morales que vous subissez.*

Un manque d'estime de soi est la racine nourricière d'une image négative de soi.

Il est essentiel de se protéger contre les influences de votre environnement. Être solide pour suivre ses propres principes et ses propres valeurs est nécessaire pour vivre mieux.

---

1. **La paix de l'esprit**, Robert H. Schuller, éditions Un Monde différent Ltée, 1981, p. 39.

Acceptez-vous comme vous êtes et acceptez votre enfant comme il est, sans vous référer **toujours** au Modèle. Vous n'êtes pas un sur-père, vous êtes un humain qui a besoin de devenir ce qu'il est réellement. «Il appartient à chacun de prendre la responsabilité de son devenir».[2]

Vous avez un rôle beaucoup plus grand que celui d'un simple reproducteur biologique ou d'un pourvoyeur.

Vous méritez d'avoir une relation intime avec votre enfant et de lui procurer ce que vous avez reçu et ce que vous auriez aimé recevoir.

Vous êtes capable de vivre en sa présence l'expression de vos sentiments.

Permettez-vous d'être vrai. N'est-il pas mieux de présenter à votre enfant votre image véritable ?

Dites-vous bien qu'il est difficile, dans notre milieu social, d'avoir sa propre identité et sa propre authenticité. Alors, avec votre enfant, ne vous privez pas d'être pleinement vous-même. À l'occasion, votre enfant sera un bon père pour vous; il vous démontrera qu'il est possible d'être réellement soi-même.

«La bataille la plus difficile que vous ayez jamais livrée, c'est la bataille d'être tout simplement vous-même; vous allez devoir la livrer toute votre vie dans un monde où les gens se sentent plus à l'aise si vous n'êtes là que pour leur plaire».[3]

Personne n'est parfait. Dans une bonne relation avec votre enfant, vous découvrirez que celui-ci acceptera mieux vos problèmes et vos préoccupations. Il pourra même vous encourager et vous comprendre sans vous juger.

«C'est le temps que tu perds pour ta rose qui fait ta rose si importante».[4]

Rappelez-vous que lorsque vous devenez père, la société vous étiquette. Elle vous impose un système de valeurs et des stéréotypes. Elle exige que vous vous référiez à un modèle de père. Elle vous programme comme on le fait avec un ordinateur.

Maintenant, il ne reste qu'à décider si c'est vous qui programmez l'ordinateur ou si c'est l'ordinateur qui vous programme. C'est le temps de changer la cassette et d'être non pas au service de la société, mais au service de votre enfant, **soit la société de l'an 2000.** Vous n'avez pas à être un sauveur ou une victime de la société.

Vous savez très bien, que c'est tout un contrat que d'être père, d'où l'importance d'être prêt à le devenir.

2. **Le langage du corps,** Edouard Korenfeld, éditions Payot, 1986, p. 209.
3. **Apprendre à vivre et à aimer,** Léo Buscaglia, éditions le Jour, 1983, p. 201.
4. **Le Petit Prince,** Antoine de St-Exupéry, coll. folio junior, éditions Gallimard, 1946, p. 72.

Redécouvrir vos principes et développer vos propres valeurs

Malheureusement, notre mode de vie «à la course» nous fait mal «marcher». Notre équilibre intérieur est vulnérable, car on ne s'accorde pas assez de temps pour s'écouter.

S'écouter permet de découvrir ses propres principes, valeurs, croyances et convictions. Si on n'écoutait que les autres, on ne s'arrêterait jamais. S'arrêter pour prendre du recul, ou se distancier des choses que l'on vit en tant que père amène à se retrouver.

> *Développer un dialogue avec son intérieur c'est s'accorder du temps pour se situer, faire des mises au point, s'ajuster et prendre de nouvelles décisions.*

On vous étiquette et on vous évalue en fonction de ce que vous faites, parce que nous vivons dans une société de **production**.

On vous juge en fonction de ce que vous projetez comme image, parce que nous vivons dans une société de **consommation** où on achète trop souvent avec les yeux.

Si vous êtes productif au travail et que vous avez toujours le sourire, vous serez considéré comme un homme fort. N'allez surtout pas dire que vous n'êtes pas heureux. On vous répondra que vous avez tout pour être heureux: une femme, un enfant, une maison et une bonne «job».

Le faire et le paraître, voilà les critères sur lesquels on juge quelqu'un dans notre société.

Vous êtes avant tout un être humain. **C'est d'abord par ce que vous êtes que vous faites et que vous consommez.**

Cultivez votre fierté d'être ce que vous êtes et soyez attentif à ne pas produire et consommer toujours plus pour être plus aimé.

Il est important de désirer et de consommer des choses essentielles pour vous, sinon vous risqueriez de vous blesser. Vous n'avez rien à prouver à personne. Devenez, par l'affirmation de vos principes et de vos valeurs, un être humain équilibré et en croissance; après tout, vous ne serez jamais parfait et, quoi que vous fassiez, vous serez toujours critiqué.

«On ne voit bien qu'avec le coeur; l'essentiel est invisible pour les yeux».[5]

---

5. **Le Petit Prince,** Antoine de St-Exupéry, coll. folio junior, éditions Gallimard, 1946.

Plus vous vous connaîtrez et plus vous découvrirez et développerez le pouvoir qui est en vous. Accordez-vous toute l'importance que vous méritez et faites-vous respecter tel que vous êtes. Affichez vos vraies couleurs.

Trop de gens ont tendance à se transformer pour plaire et ils deviennent vite malheureux.

Être pour mieux être,
être pour mieux faire,
être pour mieux projeter son image,
être pour mieux choisir ce dont on a vraiment besoin,
et être pour mieux avoir.

Oui, **être pour mieux avoir** et non pas **avoir tout pour mieux être**. Trouvez l'essentiel. L'essentiel est en vous et l'avoir viendra à vous. On reçoit tôt ou tard ce que l'on a donné. On récolte ce que l'on sème. C'est en appréciant **l'être** des autres personnes qu'on donne et qu'on reçoit le plus.

Tout est au centre de soi; il ne s'agit que de vous mettre au monde, d'accoucher de votre pouvoir personnel et de la force qui vous habite.

Recherchez ce qui est bon pour vous. Prenez soin d'occuper une place agréable dans votre vie. Vous est-il difficile de vous concentrer sur votre être, votre bien-être et votre mieux-être ?

Le bonheur, ça ne se produit pas et ça ne s'achète pas; ça se vit à l'intérieur, au tréfonds de soi.

Vous n'avez pas besoin d'être instruit ou d'avoir des diplômes pour aimer et être aimé.

Prendre votre place dans la famille en tant que père

Il est important que l'homme occupe sa place de père dans la famille. Il lui faut se libérer des influences de la société et agir au même titre que la mère auprès de son enfant. Un père peut «paterner» son enfant. Je trouve qu'il est difficile de nos jours, de voir la mère s'occuper presque totalement de l'éducation et de la santé, alors que le père s'occupe uniquement des sports, des loisirs et du travail.

Je ne veux pas culpabiliser les pères mais c'est ce qui se passe pour un grand nombre d'entre eux.

Dans ma tâche d'enseignant, j'ai l'occasion de rencontrer les parents. Dans une proportion de 80%, je ne rencontre que la mère de l'enfant. Je ne reçois pratiquement d'appels téléphoniques pour le suivi des enfants que de la part des mères.

Dans ma tâche d'entraîneur de hockey, j'ai aussi l'occasion de rencontrer les parents. Dans 80% des cas, je rencontre le père de l'enfant et je ne reçois que des appels du père pour le suivi de son enfant.

C'est peut-être un manque de disponibilité ? Ou un manque d'intérêt ? Ou un manque d'attention ? Je ne sais pas, mais la réalité est telle que je la cite plus haut. Certains pères valorisent et encouragent leurs enfants là où eux-mêmes ont été stimulés. Plusieurs hommes accordent beaucoup d'importance aux honneurs, à la vertu et à la gloire.

Votre enfant a besoin de vous sur le plan de l'éducation, de l'instruction, des loisirs et de la santé. Votre disponibilité, votre intérêt et votre attention vous serviront à prendre votre place en tant que père.

C'est le temps que vous accorderez à votre enfant qui fera de vous un être qui l'indiffère ou son ami intime.

Il est important d'avoir dans son horaire du temps pour son enfant, sa vie de couple, sa vie personnelle autant que professionnelle.

Votre enfant a besoin de vous. Vous êtes capable d'apprendre à l'écouter. Vous êtes capable d'apprendre à l'aider. Vous êtes capable d'apprendre à développer une relation d'égalité avec lui. Vous êtes capable d'apprendre à l'instruire. Vous êtes capable d'apprendre à le caresser. Vous êtes capable d'apprendre à le soigner. Vous êtes capable d'apprendre à le sécuriser, etc.

Vous ferez de nombreux apprentissages si vous vous accordez du temps pour être avec votre enfant.

Il sera bon pour vous et votre enfant de vous apprivoiser. Vous serez de plus en plus importants l'un pour l'autre.

Vous êtes-vous déjà posé les questions suivantes:

1- Qui fait l'épicerie ?

2- Qui se lève la nuit pour le bébé ?

3- Qui appelle la gardienne ?

4- Qui prend les rendez-vous chez le médecin, le dentiste ou le spécialiste ?

5- Qui rencontre les professeurs à l'école ?

6- Qui va conduire les enfants à la garderie ?

7- Qui prépare les repas ?

8- Qui nettoie la maison ?

9- Qui fait le lavage ?

10- *Qui fait les chambres ?*

11- *Qui va border l'enfant dans son lit ?*

12- *Qui va au magasin pour habiller l'enfant ?*

13- *Qui fait la vaisselle ?*

14- *Qui s'occupe de l'éducation de l'enfant ?*

15- *Qui s'occupe de l'instruction de l'enfant ?*

Il est important de prendre votre place maintenant afin que votre enfant vous imite plus tard. Vous enseignerez ainsi à votre enfant la place qu'il doit prendre comme père ou comme mère. Par votre comportement présent, vous enseignez à votre enfant ses comportements futurs. Démontrez-lui qu'un père est bien plus qu'un étranger, un reproducteur ou un pourvoyeur.

Par la place que vous occuperez, vous serez un bel exemple pour votre enfant.

D'autre part, votre conjointe sera très heureuse de sentir la présence active d'un père dans la famille.

Vous pourrez diviser et répartir vos tâches et vos responsabilités. Chacun sera en mesure de dépanner l'autre et de créer ainsi une relation d'aide pour le développement de votre enfant.

L'enfant ne demande pas mieux que d'avoir une mère **et** un père qui s'occupent de lui.

On attend de son enfant qu'il applique plus tard ce qu'on lui a enseigné. Alors, à deux, il est plus facile de le nourrir. Deux têtes valent mieux qu'une.

Dites-vous bien que vous ferez de nombreux apprentissages avec votre conjointe pour améliorer votre interaction auprès de votre enfant.

Le dialogue est un outil indispensable aux parents pour offrir les meilleurs services possibles à leur enfant.

Alors, avec votre compagne identifiez clairement vos rôles et vos responsabilités en tant que père et mère tels que vous les désirez et non tels que véhiculés par la société.

Dans le film de la vie, quel rôle vous représente le mieux en tant que père ?

> — un rôle d'acteur
> — un rôle d'acteur de soutien
> — un rôle de figurant
> — un rôle de critique

- un rôle de policier
- un rôle d'autorité
- un rôle de pouvoir
- un rôle de papa-gâteau
- un rôle de père-nourricier
- un rôle de sur-père.

Si vous n'aimez pas le rôle que vous jouez, c'est à vous de changer le jeu en modifiant l'image que vous projetez et en laissant tomber les écrans protecteurs qui déforment votre véritable image.

C'est par ce que vous projetez qu'on identifie votre rôle. C'est en changeant certaines attitudes que vous arriverez à changer votre rôle de père.

Tout changement apporte une certaine critique et une certaine angoisse. Chaque naissance a sa douleur comme chaque changement a ses peurs afin de s'adapter à un nouveau comportement. Cela veut tout simplement dire que faire le bon choix peut nous faire souffrir et par la suite, nous soulager, à l'exemple de la période de sevrage.

C'est en faisant de petits deuils dans votre rôle de père que vous ferez naître les nouveaux comportements désirés afin d'être mieux avec vous-même et votre enfant.

On change par besoin et c'est en choisissant qu'on apprend à décider.

«La valeur de notre vie dépend non de la place que nous occupons mais de la façon dont nous occupons cette place».[6]

Utiliser l'aide de votre conjointe

Considérant le fait que, pendant de nombreuses années, la mère s'est le plus souvent occupé de l'éducation et du développement de son enfant, le père s'en est peu à peu retiré, vu les circonstances.

Je dis bien circonstances. Maintenant, les choses ont changé. L'homme prend un peu plus de place dans la famille, il est plus sensibilisé à son rôle de père. Depuis que la femme est retournée sur le marché du travail, l'homme s'est vu subitement obligé par les événements de réaliser ses fonctions et ses tâches de père.

Pour l'homme en général, il a fallu faire de nouveaux apprentissages afin de répondre aux besoins de l'enfant. L'absence de la mère a amené l'homme à se confronter à ce rôle. On entend souvent dire que c'est en l'absence de l'autre que l'on reconnaît réellement sa valeur.

---

6.   Ste-Thérèse.

Non seulement le père a reconnu l'importance d'une bonne mère, mais il s'est aperçu du vide causé par sa dépendance vis-à-vis de cette dernière.

C'est un grand apprentissage que d'être confronté à assumer entièrement son rôle de père.

Vous développez des habiletés à vous occuper de votre enfant.

Dans votre relation avec lui, chacun apprend par la présence de l'autre.

1- *Selon vous, croyez-vous que votre conjointe vous aide à devenir un bon père pour votre enfant ?*

_____

_____

2- *Est-ce que vous vous affirmez dans vos responsabilités de père vis-à-vis de votre conjointe ?*

_____

_____

Il est fréquent de constater que la mère reproche au père un manque de contact avec son enfant. Toutefois, certaines mères éprouvent des difficultés à accorder la chance à leur conjoint d'établir ce contact. La mère accepte mal le fait que l'homme ne prenne pas sa place comme père, à vous de juger si c'est votre cas !

C'est aussi beau de voir un père, autant qu'une mère, embrasser ses enfants, leur donner à boire ou à manger, leur donner le bain, les conduire à la garderie et les border dans leur lit.

Une bonne communication entre les parents peut aider chacun à mieux assumer ses responsabilités, car il y en a bien assez pour deux. Bien des hommes refusent d'assumer leurs responsabilités de père au lieu de s'affirmer face à celles-ci.

C'est évident que l'homme ne peut pas allaiter son enfant; mais il est en mesure d'apprendre à faire toute autre tâche. Oui, apprendre !

Apprenez, cher homme, à expliquer à votre conjointe que votre enfant est pour vous une priorité.

Il s'agit tout simplement d'établir un contact avec votre enfant comme le fait la mère dès la naissance.

Je vous suggère et recommande de dire à votre conjointe que vous êtes prêt à exercer votre rôle de père. Elle n'attend peut-être que ça.

NOTES PERSONNELLES:

CHAPITRE 5
L'héritage de l'enfant et son apprentissage

Vous êtes maintenant sensibilisé au modèle que la société vous propose en tant que père. Vous savez que ce modèle vous influence. Il est évidemment plus difficile de changer la société que de changer soi-même. Toutefois, pour réussir un changement, il faut être consentant. C'est ce que je vous propose dans le présent chapitre.

L'enfant et la famille

Voyons maintenant, l'influence du père. Quels modèles le père suggère-t-il à son enfant ? Quel modèle reproduisez-vous ? Quels sont les apprentissages que fait l'enfant avec vous dès sa naissance ? Quelles sont vos bonnes et mauvaises habitudes de père ?

Selon Patterson et Gullion: «Les gens apprennent des autres la plupart de leurs comportements, conséquence d'interactions entre l'organisme et l'environnement».[1]

L'héritage génétique

Il est certain que l'enfant reçoit un certain héritage biologique et génétique du père. Des spécialistes avancent même que le père lui

---

1. **Comment vivre avec les enfants,** Patterson et Gullion, les Éditions La Presse, 1974, 94 p..

transmet ses traits de caractère, son tempérament et sa personnalité, dès la naissance. De là, les expressions: «il vient du même sang», «tel père, tel fils», «son père tout craché», «les mêmes airs que son père», etc...

Donc, l'héritage génétique joue un rôle important dans le développement de l'enfant, autant dans sa croissance physique, affective, sociale, intellectuelle, spirituelle que sensorielle.

Tout au long de la grossesse, le bébé est nourri par la voie du cordon ombilical. Cette période prénatale joue un rôle déterminant sur son héritage génétique.

Par le cordon ombilical, il capte et reçoit toutes sortes d'informations extérieures vécues par la mère. Toutes ces informations se greffent sur son héritage génétique; cela se vit sur le plan émotionnel (le senti) puisqu'il n'y a pas de langage.

Le tempérament inné de l'enfant influencera à son tour son **caractère.**

L'héritage familial

a) Besoins

Dès la naissance, l'enfant a besoin de faire certains apprentissages pour vivre et survivre. Il est si pauvre qu'il a besoin d'un père pour répondre à son appel et pour venir à son secours. L'enfant est si fragile et si dépendant que vous devez le faire boire, le faire manger et le laver. La présence du père est primordiale afin de répondre à ses cris et à ses pleurs. Vous devez apprendre à entrer en contact avec lui. La paternité joue un rôle essentiel dans le développement de l'enfant.

Selon Edouard Korenfeld: «C'est la fusion et la symbiose de votre relation qui aideront votre enfant à sentir qu'il appartient ou qu'il est reconnu de son environnement familial.

C'est en lui redonnant la sécurité après la naissance que celui-ci se sentira protégé dans l'amour, la chaleur et la douceur, pour qu'il retrouve la force de vivre.

Car l'enfant, dès la naissance, vivra dans le va-et-vient de la fusion et de la séparation.

Le père doit être en contact avec son enfant pour lui donner: protection, appartenance, et reconnaissance, soit l'acceptation dont celui-ci a besoin. C'est par instinct de conservation que votre enfant développera des stratégies pour satisfaire ses besoins fondamentaux.

Évitez de le «surprotéger» sans toutefois qu'il se sente abandonné ou rejeté.

En fonction de son tempérament, de sa personnalité et de son caractère il développera ses propres stratégies pour être reconnu, sécurisé et identifié socialement.

La période de la tendre enfance (0 à 6 ans) détermine ce que l'enfant pourra vivre, affronter et encaisser plus tard, car une grande partie de ses peurs, angoisses et stress est imprimée avant l'âge de six ans.

Il faut retenir que les informations négatives reçues par l'enfant créeront des manques, des frustrations, des colères, des blessures et de l'agressivité. À partir de ces informations, l'enfant forgera son corps et son caractère».[2]

L'enfant a aussi besoin: 1- de se développer et de développer
2- de se connaître et de connaître
3- de se découvrir et de découvrir
4- de s'explorer et d'explorer
5- de s'exploiter et d'exploiter
6- de se créer et de créer.

L'apprentissage permet à l'enfant d'acquérir du:

- savoir   ⟶   la connaissance

- savoir-être ⟶   l'attitude et le comportement

- savoir-faire ⟶   l'habileté et l'aptitude

b) **Moyens**

Comment l'enfant apprend-il ?

1- par l'imitation (modèle, exemple)
2- par essais et erreurs (expérimentation)
3- par le conditionnement (récompense, punition).

Faire un apprentissage c'est acquérir un nouveau comportement ou être en voie de l'obtenir.

Plusieurs causes sont facteurs d'apprentissage. Voyons ensemble certains facteurs qui influencent les apprentissages de votre enfant. J'ai relevé au cours de mes expériences des facteurs qui affectent plus ou moins l'apprentissage:

1- IMITATION

a) **Modèle**

L'enfant fait de nombreux apprentissages par l'imitation. Il recherche des modèles auxquels il s'identifie. L'enfant imite «Rocky», «Naslund»,

---

2.   **Les paroles du corps,** Edouard Korenfeld, éditions Payot, 1986, 217 p.

«Gretsky», «James Bond», son héros, son étoile, son entraîneur, son père et autres...

Vous êtes un modèle !

Vous êtes un modèle !

Vous êtes un modèle !

La cellule familiale est le premier milieu où l'enfant choisira ses modèles. **Il imite** surtout ce qu'il entend et ce qu'il voit de vous.

N'oubliez pas qu'en général on exige plus tard des enfants qu'ils soient ce qu'on leur apprend maintenant. Par contre, il est difficile de leur reprocher l'absence d'un comportement qu'ils n'ont pas appris.

b) **Exemple**

L'enfant est avide de connaître et d'explorer.

Le père est un des grands responsables des apprentissages dans les savoirs (savoir, savoir-être, savoir-faire) de son enfant. Chaque enfant apprend mieux **par l'exemple.**

«S'il est entouré de critiques, il apprend à blâmer;
S'il est entouré d'hostilité, il apprend à être agressif;
S'il est entouré de moquerie, il apprend à être timide;
S'il est entouré de honte, il apprend à se sentir coupable;
S'il est entouré de tolérance, il apprend à être patient;
S'il est entouré d'encouragement, il apprend à agir;
S'il est entouré d'éloges, il apprend à complimenter;
S'il est entouré de probité, il apprend à être juste;
S'il est entouré de sécurité, il apprend à faire confiance;
S'il est entouré d'approbation, il apprend à s'accepter;
S'il est entouré d'amitié, il apprend à aimer la vie».[3]

Le père est un exemple. Rien de mieux pour l'enfant que d'apprendre par l'exemple.

En tant que père, faites l'inventaire de vos bonnes habitudes:

_____

_____

_____

vos mauvaises habitudes:_____

_____

---

3.   Revue du Collège, BNE.

Comme il apprend par l'exemple et qu'il vous imite, faites donc un effort pour améliorer certains comportements qui pourraient contribuer à son développement.

Remarque: l'enfant est rebelle, il se peut qu'il conteste votre modèle, malgré votre bonne volonté. Il est donc souhaitable de prendre un certain recul face à cette réaction.

2- ESSAIS ET ERREURS

a) Le temps

Oui, le temps.

Laissez le temps à l'enfant d'acquérir son nouveau comportement. Il a besoin:

> — d'assimiler,
> — d'approprier,
> — d'intégrer.

Le temps est un facteur important pour obtenir le comportement désiré.

Donnez le temps à votre enfant de faire naître le désir de faire.

Évaluez bien ses capacités et ses limites. Cette évaluation vous permettra d'apporter des correctifs.

b) Le rythme

J'ai remarqué que trop d'enfants sont précipités et bousculés par leurs parents, leurs entraîneurs et leurs professeurs.

Le respect du rythme est fondamental. Dans une société d'action et de réussite, l'enfant est parfois essoufflé, il se sent poussé dans le dos.

Prenez soin de ne pas le bousculer dans ses apprentissages.

Il est possible qu'un manque de maturité déclenche des blocages mentaux qui l'empêchent d'acquérir un nouveau comportement.

En d'autres temps, il faut lui apprendre à prendre conscience de sa peur afin qu'il connaisse mieux les dangers de telle ou telle chose, de tel ou tel acte. De cette façon, il risque moins de connaître des mésaventures.

Respecter son rythme, c'est tenir compte de sa maturité et apprendre à **écouter ses capacités et ses limites**.

c) Interdictions, restrictions, permissions

Les interdictions et les restrictions faites par le père influencent le développement de l'enfant.

«*C'est petit à petit, dans la mesure où j'ai laissé ma propre enfance me parler de ses émerveillements, de ses frustrations, de ses colères, que j'ai regardé plus attentivement mon fils, que j'ai réalisé que je ne pouvais pas être un père pour lui, ou un maître. Cet être devant moi était trop près de moi, trop précieux pour que je me permette de le restreindre, de lui interdire, de lui faire la morale».*[4]

Les interdictions et les restrictions ont un impact limitatif. Elles restreignent l'enfant à un cadre qui freine son **autonomie** et sa **créativité.**

Toutefois, un père trop permissif n'est pas apte à donner l'encadrement dont l'enfant a besoin. Le père étant une référence, ses structures sécuriseront l'enfant. Il a besoin d'un guide et d'un chef.

Comme père, votre jugement vous servira à évaluer quand il est temps d'être permissif ou restrictif. À l'exemple de l'entraîneur, avant de prendre une décision, évaluez:

1- la maturité de votre enfant
2- la situation ou le contexte
3- l'urgence de la situation
4- l'importance de la situation

pour le guider.

Afin de stimuler l'apprentissage, je vous recommande de définir pour vous et votre enfant des objectifs réalistes qu'il est possible d'atteindre.

D'autre part, afin d'éviter de vivre de la colère ou même de la violence, expliquez clairement à votre enfant ce que vous attendez de lui. Cependant, si vos exigences étaient trop élevées, il pourrait abandonner et se décourager, le stress étant trop grand. Vous seriez déçu de constater qu'il ne répond pas à vos attentes. Votre déception serait aussi profonde que l'intensité de vos attentes. Les attentes déraisonnables provoquent de la douleur. Transformez vos attentes en souhaits ou en préférences, au lieu de créer trop de pression sur votre enfant.

d) **La peur**

La peur crée chez l'enfant des blocages qui affectent ses apprentissages. Remarquez combien certains d'entre eux sont affectés par la peur à la maison, à l'école et dans le sport.

L'anxiété provoque un stress qui diminue le rendement durant la réalisation d'une tâche.

La peur est un facteur qui influence énormément l'apprentissage. Elle est reliée à un **manque de sécurité et de confiance.** Dans un chapitre ultérieur, je parlerai plus spécialement des peurs de l'enfant vis-à-vis du père.

---

4.   **Une famille libre,** André Frappier, éditions Opinions Primeur Inc., 1984, p. 23.

– Énumérez quelques-unes de vos peurs en tant que père.

_____

– Énumérez quelques-unes des peurs de votre enfant vis-à-vis de vous.

_____

– Comparez vos peurs à celles de votre enfant.

_____

e) Accueil

L'accueil que vous faites à votre enfant dès sa naissance pourrait être un exemple à suivre pour mieux l'accueillir et l'aider lors de chacun de ses apprentissages.

Pour son bien, il est souhaitable de l'accepter, même dans ses **échecs,** ses **limites,** ses **peurs** et ses **erreurs,** donc d'éviter de le **critiquer** et de le **juger** lors de ses apprentissages.

Il n'est pas parfait.

> *Soyez compréhensif et à son écoute.*

Dans son deuxième livre, **«Une Famille Libre»**, André Frappier dit: «On est venu l'un à l'autre dans les bras l'un de l'autre, j'entendais mon enfance qui m'appelait».[5]

L'accueil est à la fois un geste et une attention chaleureuse qui stimulent l'enfant et lui conservent le goût d'apprendre.

> *Accueillir son enfant, c'est l'accepter, lui faire confiance et lui permettre d'être pleinement lui-même selon ses besoins et intérêts.*

f) Effort vs résultat

Le progrès.

Les résultats sont trop souvent une finalité ou une priorité pour les parents, les entraîneurs et les professeurs. **Éduquer** l'enfant, **développer** sa personnalité et lui donner une **formation** sont des atouts de premier plan, qui surpassent la performance ou la réussite.

Observez ses efforts au lieu de vous concentrer seulement sur sa performance, sa réussite et ses résultats.

Vous êtes capable de l'encourager dans ses efforts.

_____

5. **Une famille libre,** André Frappier, éditions Opinions Primeur Inc., 1984, p. 23.

Important

Certains enfants réagissent mieux que d'autres dans un contexte axé vers la performance. Les traits de caractère de l'enfant peuvent démontrer si celui-ci a une attitude de gagnant, neutre ou de perdant. Certains enfants devant une tâche à accomplir veulent s'approcher du succès, d'autres évitent l'échec et finalement certains refusent de s'engager.

«Certains garçons reçoivent de leur père un message de désapprobation et même de rejet devant de piètres résultats ou échecs, au jeu ou à l'école. En corollaire, le message signifie qu'on les adore lorsqu'ils remportent la victoire».[6]

Cette façon d'accorder autant d'importance aux résultats de l'enfant affecte le plaisir qu'il pourrait obtenir de ses apprentissages.

L'enfant n'aime pas qu'on le confronte ou qu'on le compare, il préfère **qu'on lui lance des défis.**

Toutefois, il a besoin d'être évalué, de se mesurer à d'autres et de vivre une forme de compétition, sans pour autant se limiter aux seules activités où il excelle.

C'est en étant en contact avec les autres qu'il apprendra à être lui-même.

Mes expériences à titre d'entraîneur de hockey m'ont confirmé que l'effort doit être **reconnu**, sinon l'enfant abandonnera. Soyez positif et encouragez votre enfant à **faire de son mieux** et à **bien faire**. Les résultats ne sauront tarder.

Je vous recommandee d'exiger de lui de la **rigueur** dans ce qu'il entreprend.

Ce qui est difficile, c'est d'être constant dans ses renforcements. N'attendez surtout pas le résultat final. D'autre part, il ne faut jamais prendre le comportement désiré pour acquis. **Il faut toujours renforcer.**

Lors des apprentissages que vous ferez avec votre enfant, il est souhaitable que celui-ci en retire suffisamment de plaisir.

Éliminer quelque chose de désagréable et offrir un renforcement positif sont deux facteurs importants du processus d'apprentissage.

Une certaine prudence est requise face à vos agressions verbales et physiques. Vous pouvez le blesser et vous blesser.

Un climat d'attention et d'échange est préférable pour obtenir une meilleure relation.

---

6.   **Être Homme,** Herb Goldberg, éditions du Jour, 1982, p. 69.

> *Selon les spécialistes, les enfants d'un père affectueux réussissent mieux que ceux d'un père exigeant.*

L'entente avec son enfant demande parfois des excuses, des pardons et des compromis de part et d'autre pour que chacun se sente bien avec l'autre.

«Ce sont les personnes qui nous donnent beaucoup de renforcateurs positifs que nous choisissons, en général, comme amis».[7]

3- LE CONDITIONNEMENT

a) Feedback et Renforcement

L'enfant a besoin de recevoir de son père attention et renforcement. Il en a besoin de façon régulière dans son processus d'apprentissage.

Certains ont un besoin plus grand que d'autres de considération et d'approbation.

«*Chaque jour, je dois me souvenir de vraiment t'écouter et d'essayer de comprendre ton point de vue, de découvrir aussi la façon la moins menaçante de te donner mon point de vue à moi, en me rappelant que nous grandissons et changeons tous d'une centaine de façons différentes*».[8]

Voici deux formes de motivation:

— La motivation intrinsèque: est mesurée en fonction de ce que l'enfant accomplit sans l'aide de renforcements extérieurs. Elle évalue très bien son degré d'auto-détermination. Elle développe son estime de soi et son sentiment d'appartenance à la famille. Elle est souvent transmise par un geste (tape dans le dos, caresse, étreinte, baiser, etc...) ou par une parole (je t'aime gros, je te considère, je t'apprécie, j'aime qui tu es, j'aime être avec toi, tu signifies beaucoup pour moi, tu es mon fils, etc.).

— La motivation extrinsèque: est mesurée en fonction de ce que l'enfant accomplit avec l'aide de renforcements extérieurs. Elle évalue sa dépendance aux récompenses (de l'argent, une collation, un vélo, un souper, une surprise, un cadeau, etc...).

Il m'apparaît important de vous conseiller d'offrir le maximum de motivation intrinsèque pour combler votre enfant.

Généralement, les hommes, les pères, ont une très grande tendance à accorder des récompenses. Ils sont mieux disposés et à l'aise en se servant de la motivation extrinsèque.

Il est important de discerner **l'être de l'avoir**, bien que l'enfant ait besoin des deux sources de motivation. Évaluez les avantages et les inconvénients de chacune d'elles.

7. **Comment vivre avec les enfants,** Patterson et Gullion, éditions La Presse, 1974, p. 6.
8. **Apprendre à vivre et à aimer,** Léo Buscaglia, éditions le Jour, 1983, p. 211.

J'ai souvent entendu dire par des enfants d'âge scolaire: «Mon père n'est jamais là mais il me laisse toujours de l'argent».

> Après un certain temps, l'argent n'a plus d'effet mais l'absence du père en a toujours.

Souvent la plus belle récompense qu'un père puisse faire à son enfant, c'est **d'être présent et disponible.**

La série de questions qui suit a pour but de vous faire prendre conscience du genre de motivations et de stratégies que vous utilisez pour stimuler ou décourager votre enfant.

— *Nommez des récompenses que votre enfant aimerait recevoir.*

_____

_____

— *Quels sont les gestes qui lui procurent le plus de bien-être ?*

_____

_____

— *Nommez les paroles qui lui donnent le plus de plaisir.*

_____

_____

— *Identifiez les paroles et les gestes qui lui font le plus mal.*

_____

_____

— *Quels sont les mots ou les paroles qui vous sont les plus difficiles à dire ?*

_____

_____

— *Quels sont les gestes qui vous sont les plus difficiles à poser envers lui ?*

_____

_____

– *Quels sont les mots ou les gestes qui vous font le plus plaisir ?*

_____

_____

– *Quels sont les mots ou les gestes qui vous font le plus de mal ?*

_____

_____

– *Vous considérez-vous comme un père qui motive de façon intrin-*
sèque ou extrinsèque ?

_____

_____

– *Croyez-vous être du genre à acheter votre enfant ?*

_____

_____

b) Âge vs Taille

Vous avez déjà remarqué qu'il est parfois difficile de distinguer l'âge biologique de l'âge chronologique d'un enfant. On oublie malheureusement de faire cette différence entre l'âge et la maturité physique.

Vous avez sans doute déjà vu des enfants de 11 ans qui mesuraient près de six pieds et d'autres, moins de cinq pieds. Sur une patinoire ou dans un gymnase, la taille joue un rôle important dans leurs comportements.

On est considéré comme anormal si on est grand et que l'on manque de maturité. Il faut être très prudent lorsqu'on rencontre ce genre d'enfants.

Combien de fois ai-je entendu les commentaires suivants:

– «Yé ben niaiseux pour sa grandeur !»
– «Yé ben trop grand pour agir comme ça !»
– «Pleure pas, t'es rendu assez grand !»
– «À la grandeur que tu as, tu devrais comprendre !»
– «**Fais un homme de toi !**»

Un enfant ayant une grande taille devrait être considéré de la même façon qu'un autre enfant de son âge. Vous devez toujours bien évaluer la maturité physique en rapport avec la maturité affective, sociale, intellectuelle, spirituelle et sensorielle.

L'être humain est un tout, un entier. Ne dissociez pas l'aspect psychologique de l'aspect physique. La croissance est un ensemble de facteurs physiques et psychologiques. Attention de ne pas juger votre enfant uniquement sur la longueur de ses jambes et de ses bras; il a une tête et un coeur comme tous les autres.

Vous possédez, en tant que père, beaucoup de pouvoir sur les facteurs directs qui influencent les apprentissages de votre enfant. Maintenant, c'est à vous de décider quels sont les facteurs que vous avez à ajuster afin d'aider l'enfant à mieux se développer.

Au cours de son évolution, il apprendra à boire, à manger, à parler et à marcher. Il apprendra à exprimer ses émotions, ses peurs, ses joies et ses peines. Il apprendra à s'accepter, se respecter, s'écouter et s'aimer. Il apprendra à assumer ses responsabilités et ses engagements. Il apprendra à être indépendant et autonome. Il apprendra à se sécuriser et à s'identifier. Il apprendra à écrire, compter, chanter, lire, dire, jouer, demander, etc.

Faites attention à ne pas laisser votre enfant:
— vous mettre dans tous vos états,
— vous culpabiliser,
— vous manipuler
— et vous envahir.

Dites-vous bien que les enfants vous enseignent comment vous comporter et comment diriger votre famille. Apprenez à vous protéger.

Il a besoin d'un héritage comblé d'apprentissages agréables. Malgré votre bonne volonté, vous ferez des erreurs, comme tous les autres pères. Apprenez à les accepter et surtout, à ne pas les répéter.

Vous êtes un modèle pour votre enfant: prenez soin de sa personne. **Toutefois, cela n'élimine pas l'usage occasionnel de sanctions ou de punitions pour développer sa personnalité.**

L'héritage familial a une dimension très importante dans l'éducation et l'instruction de votre enfant. Il a un impact énorme sur l'équilibre physique et psychologique de l'enfant.

«Un esprit sain dans un corps sain.»

Vous ferez avec votre enfant un cheminement incroyable, soyez en contact avec lui et vous répondrez directement à plusieurs de ses besoins et de ses attentes.

Concilier votre vie personnelle et professionnelle avec votre vie de couple et de père est un apprentissage que vous aurez à faire pour être heureux.

Sachez doser votre énergie et votre temps en fonction de ces quatre vies, voilà une recommandation essentielle à faire à un nouveau père.

REMARQUE: il m'apparaît important de souligner au père que dans le développement de l'enfant, l'entente avec la conjointe sur le plan éducatif influence l'évolution de l'enfant. D'autre part, le climat familial dans lequel il grandit affecte également ses apprentissages.

L'enfant et la société

Dans la deuxième partie de ce chapitre, il sera question des facteurs d'apprentissage extérieurs à la famille et parfois en dehors de la volonté des parents.

De la naissance à six ans environ, le contact avec votre enfant est étroit. La présence de son père est plus fréquente. Au cours de sa croissance, la durée de ses contacts avec son père diminue à cause de son évolution. La famille étant la première cellule sociale de l'enfant, celui-ci en retirera d'énormes apprentissages. **L'héritage familial appartient aux parents.**

Les acquis que votre enfant y fait lui serviront pour vivre dans la société. Ses savoirs l'aideront à **s'adapter** à d'autres milieux que celui de la famille.

D'autre part, son **contact** avec la société et l'environnement l'amènera à faire de nouveaux apprentissages.

Si l'univers familial a une si grande influence sur les apprentissages de l'enfant, que pensez-vous de l'influence qu'ont des milieux tels que:

a) le lieu géographie
b) l'école
c) les amis
d) les loisirs et les jeux.

Il m'apparaît important de vous rappeler que plus ces trois besoins:

> Acceptation,
> Sécurité,
> Identité,

seront comblés dans l'enfance, plus les chances de votre enfant seront grandes d'avoir de l'influence sur sa propre personne, sur son milieu et sur la société.

Sa capacité d'adaptation sera élevée, ce qui l'aidera à surmonter les obstacles et les épreuves au cours de sa vie.

N'oubliez pas que l'enfant a besoin d'un père humain et non d'un père-ordinateur (une machine).

Le milieu géographique

J'ai déjà entendu dire, à la télé, que les **lieux créent les esprits.**

Le milieu géographique où l'enfant vit a une influence sur:

— ses apprentissages,
— ses habitudes,
— son mode de vie.

Dans son milieu géographique, il fait de nombreux apprentissages. Les influences sont nombreuses. L'enfant capte une quantité de stimuli puisque son champ d'interaction est plus vaste que dans son milieu familial.

Le contact avec l'environnement provoque chez l'enfant des réactions aux différents messages distribués par son milieu. C'est par la **vue** et **l'ouïe** qu'il capte le plus de stimuli. Afin qu'il apprenne, procurez-lui un climat favorable à son développement.

Agencez un environnement propice pour répondre aux besoins physiques et psychologiques de l'enfant ainsi qu'à ses intérêts personnels et sociaux.

Est-il possible pour vous d'aménager votre environnement résidentiel intérieur et extérieur en fonction de ses attentes, de ses intérêts et de ses besoins ? Il a tendance à toucher et à manipuler pour satisfaire sa curiosité. Il explore son environnement. Il se peut que l'enfant soit frustré par vos interdictions et restrictions. Créez des conditions favorables à l'expression de ses sentiments au lieu de toujours le **surveiller** et le **restreindre.**

Rien de mieux que d'imaginer et de disposer un environnement où l'enfant pourra s'amuser, car le jeu lui facilite de nombreux apprentissages.

Les enfants ont besoin de **s'exprimer.** Les **contraintes** physiques, sociales, morales et autres, peuvent brimer leur autonomie et leur créativité. Toutefois, cela n'exclut pas le fait que l'enfant doit apprendre à respecter son environnement.

Exploitez votre milieu géographique et votre espace afin d'améliorer votre vie de famille.

«Chacun a quelque chose à donner, quelque chose que personne d'autre au monde ne possède».[9]

Le milieu scolaire

Il est évident que le fait de passer son enfance et son adolescence à l'école a une grande influence sur le développement de l'enfant.

9.   **Apprendre à vivre et à aimer,** Léo Buscaglia, éditions le Jour, 1983, p. 200.

À l'école, l'enfant s'instruit et s'éduque. Il acquiert une formation personnelle indispensable pour **réussir sa vie et réussir dans la vie.**

L'éducation et l'instruction sont les deux ailes qui lui permettront de s'envoler dans la vie.

«L'école prend tellement de temps et occupe une place si centrale dans la vie des enfants qu'elle exerce une influence sur chaque aspect de leur développement et est à son tour influencée par eux».[10]

Voici donc quelques facteurs qui peuvent influencer le rendement et la réussite scolaires de votre enfant:

1- le milieu familial (aspect socio-économique)
2- la qualité du sens de la vue et de l'ouïe de l'enfant
3- l'atmosphère, le climat et la vie de l'école
4- la capacité de l'enfant à s'adapter à l'école, à son nouveau professeur et à la matière qu'il enseigne
5- la motivation de l'enfant à réussir
6- les ressources humaines (directeurs, professeurs, spécialistes)
7- les capacités et les succès scolaires de l'enfant
8- le nombre de fois où l'enfant a changé d'école.

Au sein du milieu scolaire, il apprendra à développer de nombreuses habiletés.

Il est très important que non seulement la mère mais aussi le père soient à l'écoute de son rendement et de sa réussite scolaires. Trop souvent, seule la mère se concentre sur l'instruction et l'éducation de l'enfant.

En lui accordant du temps, vous pouvez le stimuler à réussir dans sa vie scolaire. L'école est un moyen de formation et de développement pour lui. N'oubliez pas que l'échec scolaire a des répercussions physiques et psychologiques importantes chez l'enfant. Suivez de près son travail, ses efforts et ses progrès.

L'exercice suivant a pour but de faire ressortir le rapport qui existe entre vous et votre enfant face à sa vie scolaire.

Exercice

1- *Est-ce que vos parents ont suivi votre vie scolaire de près ?*

_____

_____

---

10. **Le développement de la personne,** Papalia et Olds, éditions HRW Ltée, 1979, p. 214.

2- Est-ce que votre père vous a aidé dans vos études ?

_____

_____

3- Quel facteur vous a le plus influencé dans votre rendement et votre réussite scolaires ?

_____

_____

4- Êtes-vous intéressé par l'instruction de votre enfant ?

_____

_____

5- Connaissez-vous ses aptitudes et ses difficultés à l'école ?

_____

_____

6- Accordez-vous du temps à votre enfant pour qu'il vous raconte sa vie à l'école ?

_____

_____

7- Est-ce que vos exigences envers le succès scolaire de votre enfant sont réalistes ?

_____

_____

8- Comment réagissez-vous face aux échecs scolaires de votre enfant ?

_____

_____

9- Êtes-vous en contact avec les professeurs et le directeur de l'école de votre enfant ?

_____

_____

10- Connaissez-vous l'école que votre enfant fréquente ?

_____

_____

11- *Est-ce que votre enfant a des talents académiques semblables aux vôtres ?*

_____

_____

Le père a une place importante à prendre dans le rendement et la réussite scolaires de son enfant.

Il s'agit de prendre du **temps** pour être avec son enfant (disponibilité), pour **l'encourager** et communiquer avec lui afin de l'aider à mieux vivre à l'école, sa deuxième maison.

> *L'enfant a besoin d'un père qui voit, regarde, entend et écoute son savoir, son savoir-être et son savoir-faire.*

Les amis

Dis-moi qui sont tes amis et je te dirai qui tu es !

Cette expression est pleine de gros bon sens. L'enfant choisit ses amis en fonction de ses **besoins** et de ses **intérêts**. L'enfant qui a du pouvoir intime aura de l'influence sur ses amis.

Le choix d'un ami se fait par goût et affinité, un peu comme avec les parents. Selon ses affinités avec le père ou la mère, l'enfant décide d'aller vers l'un ou l'autre.

Le contact et le type de lien que l'enfant établit avec son milieu social varieront en fonction:
— de ses besoins d'acceptation
— de ses besoins de sécurité
— de ses besoins d'identité.

Le choix des amis et le nombre d'amis combleront ses besoins.

Sensibilisé dans mon travail aux comportements des étudiants, j'ai constaté qu'un enfant qui souffre de solitude, d'abandon ou d'une difficulté à s'intégrer peut vivre des sentiments négatifs tels que:

le **rejet:** action de rejeter, son résultat, abandon

l'**isolement:** état d'une personne séparée des autres

le **refoulement:** action de refuser l'accès de la conscience à des désirs, des sentiments que l'on ne peut ou ne veut pas satisfaire

la **névrose:** affection caractérisée par des troubles affectifs et émotionnels

le **repli:** action de rentrer en soi-même, de se refuser aux impressions extérieures

l'**angoisse:** malaise psychique et physique, né du sentiment de l'imminence d'un danger

les **résistances:** causées par les frustrations, les déceptions, les refus, les manques, actions par lesquelles on essaie de rendre sans effet une action dirigée contre soi.[11]

Ces sentiments le perturbent dans son évolution personnelle et sociale et peuvent l'amener jusqu'au suicide.

Les sept étapes de la socialisation forment un cycle de vie. Chaque étape trouve sa correspondance et sa réalisation selon:

— l'héritage génétique de l'enfant
— son caractère
— son âge
— sa maturité
— sa personnalité
— son environnement familial (éducation)
— et son environnement social (culture).

N.B.: il se peut que les étapes indiquées ne soient pas vécues dans cet ordre-là par votre enfant. D'autre part, il est possible que celui-ci n'ait pas intégré une ou plusieurs de ces étapes. Dans le chapitre 7, plusieurs précisions vous seront communiquées; elles vous aideront à mieux comprendre le rôle du père dans la socialisation de l'enfant.

---

11.   Tirés du dictionnaire **Le Petit Robert,** éditions Société du Nouveau Littré, Paris, 1979, 2172 p..

TABLEAU I: Développement social de l'enfant

ÉTAPE 1:   L'enfant est seul: il recherche le jeu par besoin de plaisir.

ÉTAPE 2:   L'enfant est seul parmi les autres: il recherche le jeu par besoin de plaisir.

ÉTAPE 3:   L'enfant est en contact avec un ami: il recherche la présence de l'autre par besoin de contact, d'échange, de collaboration et d'entraide.

ÉTAPE 4:   L'enfant est en contact avec plusieurs amis (le groupe): il recherche la sécurité par besoin d'approbation, d'acceptation et de considération.

ÉTAPE 5:   L'enfant est en contact avec quelques amis (la «gang»): il recherche l'identité par besoin d'affiliation, d'appartenance et de reconnaissance.

ÉTAPE 6:   L'enfant est en contact avec un ami de l'autre sexe: il recherche l'autre et l'intimité par besoin de contact, d'affection, d'amour et de sexualité.

ÉTAPE 7:   L'enfant redéfinit son contact avec ses parents: il recherche l'autonomie, l'indépendance par besoin de voler de ses propres ailes, de faire sa vie, de vivre une vie de couple et de rompre avec la famille.

Note: pour créer ce tableau l'auteur s'est inspiré de l'ouvrage «**Le développement de la personne**» de Diane Papalia et Sally Olds, éditions HRW (1979).

La liste de questions qui suit vous aidera à comprendre l'importance que vous accordez à votre vie sociale et à celle de votre enfant.

Exercice

1- *Êtes-vous un père sociable ?*

2- **Avez-vous beaucoup d'amis ?**

3- **Êtes-vous un homme introverti ou extraverti ?**

4- **Considérez-vous que vos amis vous reconnaissent suffisamment ?**

5- *Vos parents vous ont-ils interdit d'avoir tel ou telle ami(e) ?*

6- *Êtes-vous sévère dans la sélection des amis de votre enfant ?*

7- *Que représente un ami pour vous et à quoi sert-il ?*

8- *Que représente un ami pour votre enfant ?*

9- *Savez-vous pourquoi votre enfant a peu ou beaucoup d'amis ?*

10- Aimez-vous les amis de votre enfant ?

_____

_____

11- Êtes-vous jaloux de ses amis ?

_____

_____

12- Vos amis savent-ils pourquoi vous les avez choisis ?

_____

_____

13- Savez-vous pourquoi ils vous ont choisi ?

_____

_____

14- Êtes-vous un ami pour votre enfant ?

_____

_____

15- Votre enfant vous considère-t-il comme un ami ?

_____

_____

16- Êtes-vous d'égal à égal quand vous parlez à votre enfant ?

_____

_____

17- Considérez-vous important d'avoir un ami ?

_____

_____

18- Considérez-vous que votre enfant a besoin d'amis ?

_____

_____

Par son contact avec les autres ou son environnement social, il apprendra bien des choses agréables et désagréables.

L'aspect social dans la vie d'un enfant fait partie de son équilibre personnel. Plus il aura **de pouvoir sur lui-même, d'autonomie, de la**

créativité et d'indépendance, plus il aura **de pouvoir sur son environnement social** et plus il sera protégé contre ce dernier.

En contact avec son milieu social, il fera de multiples apprentissages.

Vous êtes un miroir pour votre enfant et il en est un pour vous. Chacun se voit dans l'autre. Vous êtes son reflet et parfois il est le vôtre.

Votre présence lui permettra de sentir qu'il existe, la sienne donnera tout son sens à votre rôle de père.

> *C'est en étant en contact avec son monde intérieur, son univers, sa perception des choses que vous rejoindrez votre enfant et que vous le comprendrez.*

L'authenticité est un comportement à développer et à conserver pour établir des relations avec les autres et surtout avec son enfant afin de créer une véritable intimité.

Les enfants veulent des modèles humains et vrais.

Sports, loisirs et culture

Sans aucun doute, la participation aux activités sportives, récréatives ou culturelles influencera aussi les savoirs de votre enfant.

Voici donc une liste d'activités qui peuvent plus ou moins influencer le développement de votre enfant:

loisirs
- télévision
- vidéo
- ordinateur
- radio
- presse écrite
- presse parlée
- lecture
- jeux éducatifs
- jeux de société
- jeux de bricolage
- jeux psychomoteurs
- jeux de mémoire
- jeux d'observation

activités culturelles
- théâtre-cinéma
- arts
- musique et danse
- expositions
- spectacles
- concerts
- chants

activités sportives
- sports avec ou sans adversaire
- sports avec ou sans partenaire
- sports de plein air
- sports d'intérieur
- sports d'extérieur
- sports collectifs
- sports de combat
- gymnastique
- tai-chi et détente.

C'est avec votre aide qu'il découvrira ses vrais **besoins**. Il choisit souvent ses activités par intérêt. Il a de la difficulté à discerner les **besoins** et les **intérêts**.

Exemple: l'enfant a besoin de produits laitiers, de céréales, de fruits et légumes, de viandes. Si les parents écoutaient seulement les intérêts de l'enfant, celui-ci aurait un régime alimentaire très peu équilibré.

Le père peut faire prendre conscience à son enfant de ses besoins et de ses intérêts, pour que celui-ci **participe** à des activités qui favorisent sa santé physique et psychologique.

Par ce qu'il voit et ce qu'il entend, il **reproduit** de nombreux comportements. Il ne s'agit pas de le restreindre ou de tout lui interdire, mais de lui apprendre à sélectionner des activités agréables, éducatives et formatives.

Cette chaîne de questions vise à reconnaître l'importance que vous accordez à vos activités et à celles de votre enfant.

1- *Quelles sont les activités que vous encouragez chez votre enfant ?*

_____

_____

2- Quelles sont les activités que vous n'aimeriez pas que votre enfant pratique ?

_____

_____

3- Considérez-vous que vous restreignez les besoins de votre enfant ?

_____

4- Quelles sont les activités que vous pratiquez ?

_____

_____

5- Pratiquez-vous des activités avec votre enfant ?

_____

6- Quelles sont les activités que vous aimez faire en famille ?

_____

_____

7- Comment réagissez-vous quand votre enfant pratique une activité qui ne correspond pas à vos valeurs ?

_____

_____

8- Avez-vous de l'influence sur le choix des activités de votre enfant ?

_____

9- Avez-vous fixé une période de temps dans la semaine pour la pratique de ses activités ?

_____

10- Quelle importance accordez-vous aux activités de votre enfant ?

_____

_____

11- De quelle façon faites-vous l'équilibre entre l'école et les activités de votre enfant ?

_____

_____

12- Considérez-vous que votre enfant exerce les activités de son choix ?

_____

13- Considérez-vous que votre enfant vit une surconsommation ou une sursaturation d'activités ?

_____

14- Considérez-vous que votre enfant apprend de bonnes choses dans la pratique de ses activités ?

_____

15- Qu'est-ce que vous déplorez le plus dans la pratique de certaines activités ?

_____

_____

_____

16- Êtes-vous capable de négocier avec votre enfant au sujet de la durée et du choix de ses activités ?

_____

_____

17- Que faites-vous lorsqu'il y a un conflit entre les activités de votre enfant et les vôtres ?

_____

_____

_____

18- Considérez-vous que votre enfant prend le temps de vivre à travers toutes ses activités ?

_____

_____

_____

En résumé que ce soit dans le milieu familial, physique ou social, l'enfant acquiert de nouveaux comportements. Sa personnalité connaîtra donc des changements et des transformations.

Le père ne peut pas contrôler toutes les activités de son enfant; il y a tellement de facteurs qui influencent les choix de celui-ci.

En tant que père vous ne pouvez donner ce que vous n'avez pas.

Faites de votre mieux. Essayez de répondre à ses besoins, à ses attentes et à ses intérêts. Attention, souvent la bonne intention envahit et détériore la relation entre le père et son enfant.

Construisez un climat de confiance et appliquez des conditions favorables à son développement. Par essais et erreurs, l'enfant découvre et explore bien des choses. Vous ne pouvez pas tout faire pour lui. Laissez-le grandir et faire ses propres expériences, il est son propre agent de développement.

Les quatre ingrédients du savoir-être

Voici une découverte que j'ai faite lors d'un cours de danse. Dans la danse, il y a quatre concepts: l'**espace**, le **temps**, le **rythme** et l'**énergie.**

Comme la danse représente la vie, le mouvement et l'expression, j'ai réalisé que ces quatre concepts correspondaient très bien à l'apprentissage de **l'être.**

L'être, parce que, **pour être, il faut être en vie.** L'être, parce que, **pour être, il faut être en mouvement.** L'être, parce que, **pour être, il faut s'exprimer.**

être:
1- la vie (esprit)
2- le mouvement (corps)
3- l'expression (émotions, sentiments)

ÊTRE selon
l'**E**space
le **T**emps
le **R**ythme
l'**É**nergie.

Espace:

Apprendre à être bien avec son image et son schéma corporels, sa famille, son école et son environnement (physique et social).

Temps:

Apprendre à être bien dans sa croissance, la mode, l'époqie et le moment présent.

Rythme

Apprendre à être bien dans sa croissance, la mode, l'époque et le moment présent.

Énergie

Apprendre à être bien dans ses capacités, ses limites, son intensité, sa résistance physique et nerveuse.

N.B.: l'harmonie entre les quatre concepts est indispensable pour vivre en équilibre sur le plan mental et physique. Le père doit aider son enfant à occuper son être, afin de développer son bien-être et d'assumer le temps venu, son mal-être.

Être et mieux être dans l'**ici** (l'espace) et **le maintenant** (le temps), en recherchant l'équilibre entre les vies physique, intellectuelle, affective, sociale, spirituelle et sensorielle, tout en respectant le rythme et l'énergie.

Être pour mieux vivre dans sa **tête**, son **corps** et son **coeur.**

L'héritage de votre enfant est influencé par des facteurs contrôlables et incontrôlables.

En tant que père, rappelez-vous que vous ne pouvez pas donner ce que vous n'avez pas. Apprenez à vous accepter, à vous respecter, à vous écouter et vous apprendrez à vivre et à vous aimer.

Vous ne **naissez** pas père, vous pouvez apprendre à le devenir.

Une bonne façon d'être en contact avec les besoins, les attentes et les intérêts de votre enfant, c'est **de vous mettre à sa place, avec ses yeux, ses oreilles, sa perception, son monde** et **son univers.**

Ceci vous permettra de mieux l'apprivoiser.

L'apprentissage de l'enfant a comme premier objectif de développer son pouvoir intime afin qu'il développe son acceptation de soi, sa sécurité psychologique et son identité.

Il a besoin d'un minimum d'estime de soi, de confiance et de reconnaissance pour vivre et survivre dans:

son environnement intérieur (corps, esprit et coeur),
son environnement physique (milieu),
et son environnement social (autrui).

C'est en accumulant des acquis dans le savoir, le savoir-être et le savoir-faire qu'il aura le plus d'habileté pour s'adapter aux mondes intérieur et extérieur.

«Et l'enfant apprend par l'affection, par l'amour, par la patience, par la compréhension, par le sentiment d'appartenance. Il apprend en faisant et en étant».[12]

---

12. **Apprendre à vivre et à aimer,** Léo Buscaglia, éditions le Jour, 1983, pp. 151-152.

NOTES PERSONNELLES:

CHAPITRE 6

Apprivoiser son enfant par les sens

Vous avez été sensibilisé, dans le chapitre précédent, au fait que l'enfant fait de nombreux apprentissages par la réceptivité des sens. Il me semble important de vous informer sur ceux-ci.

La capacité de l'enfant à capter des stimuli extérieurs est très grande. Sa réceptivité fait de lui un être très sensitif. Il a des antennes appelées récepteurs par lesquelles il reçoit des messages de son environnement.

Il est donc préférable de l'amener à rechercher des stimuli agréables et il est déconseillé d'exposer son enfant à une surcharge de stimuli. Certains pourraient même l'inhiber. Des situations de violence, de peur due à l'obscurité ou à des bruits, sont des exemples quotidiens qui peuvent le traumatiser.

Du point de vue scientifique, les sens sont considérés comme des convertisseurs. Ils transforment l'énergie mécanique, lumineuse, calorifique ou autres en énergie électrique donc en pulsion électrique.

Le corps humain est un ensemble de conducteurs. Par ce réseau de communication l'enfant capte des stimuli qui l'amènent à agir.

La stimulation transformée en pulsion parcourt un câble appelé le nerf. Cet influx nerveux voyage par le nerf sensitif jusqu'au cerveau et revient fermer le circuit électrique par le nerf moteur jusqu'au muscle afin d'obtenir une réponse motrice.

Le degré de sensibilité de l'enfant exigera plus ou moins d'énergie afin qu'il perçoive des stimulations de son environnement.

Les sens recueillent les sensations telles que la douleur, la température, la lumière, etc...

À travers ses sensations l'enfant apprendra à s'adapter aux différentes conditions de son milieu et il modèlera ses parents et son environnement afin de répondre à ses besoins et à ses attentes. L'enfant se bat pour capter l'attention des gens qui lui sont importants.

L'enfant, comme l'adulte, a besoin qu'on le regarde, qu'on l'écoute, qu'on le touche, qu'on le sente; tout ça se fait avec les yeux, les oreilles, les mains, la bouche et le nez.

Alors, pourquoi ne pas vous servir de vos sens pour alimenter ou éveiller ceux de votre enfant ? L'un attire l'autre.

Albert Glaude dit, dans son livre **Carthasis**: «Nous naissons nantis de caractéristiques familiales et sociales potentielles. Ce sont notre environnement, l'éducation reçue et les avatars de la vie en communauté qui **modèleront** nos caractéristiques innées».[1]

Par les sens, vous pouvez répondre à ses besoins:
— d'acceptation
— de sécurité
— et d'identité.

La cellule familiale est le premier univers de l'enfant. Selon Ghislaine Meunier-Tardif: «L'enfant choisit par affinité sensorielle de s'identifier très tôt à son père ou à sa mère».[2]

L'enfant n'est pas en mesure de se protéger contre tous les stimuli.

L'héritage, c'est «contagieux». Vous transmettez à votre enfant ce que vous êtes. Cette transmission, l'enfant la reçoit et en imprègne son cerveau.

Votre enfant capte vos messages. Il observe vos attitudes et vos habitudes de vie. Non seulement vos caractéristiques physiques et biologiques lui seront transmises mais aussi votre tempérament et votre caractère influenceront son comportement.

C'est seulement lorsque votre enfant aura atteint une bonne maturité émotive qu'il pourra discerner ses émotions et les dissocier des vôtres.

---

1. **Carthasis,** Albert Glaude, éditions Stanké, 1984, p. 34.
2. **Le Principe de Lafontaine,** Ghislaine Meunier-Tardif, éditions Libre Expression, 1979, 204 p..

Le jeune est sensible à l'humeur et à l'attitude de l'adulte. Par exemple: l'entraîneur est en colère lors de son retour au vestiaire. La réaction des plus jeunes sera: «Qu'est-ce qu'on a fait ?» Chez les plus vieux, la réaction sera: «Qu'est-ce qu'il a ?» On s'aperçoit que le jeune a tendance à tout axer sur lui.

Ce caractère «contagieux» de l'adulte vers l'enfant s'imprime de la même façon que des images sur une pellicule.

> *L'enfant est comme une caméra. Il filme son vécu, et le conserve en mémoire dans sa boutique appelée cerveau.*

Quand j'enseigne le basket-ball, je fais usage de l'image de la caméra comme moyen pédagogique afin d'aider l'étudiant à mieux percevoir et à mieux juger la situation de jeu.

À l'exemple de la caméra, l'enfant a besoin:

- de se rapprocher
- de reculer
- d'être éclairé
- d'être supporté
- d'avoir une ouverture
- d'avoir un objectif
- d'être alimenté par des stimuli.

Il m'apparaît important de vous **prévenir** que l'enfant doit prendre et avoir le temps de bien décoder les informations reçues, sinon son film intérieur sera embrouillé.

Le père a un rôle de metteur en scène.

Il aide l'enfant à découvrir ses sens.

Toutes les sensations vécues par l'enfant nourriront, à l'aide de son metteur en scène, son film intérieur et son album souvenir. L'enfant utilisera l'expérience sensorielle inscrite dans son cerveau pour obtenir une meilleure perception de lui-même et de son milieu.

Le père doit rester en contact avec l'univers de l'enfant afin de ne pas le brusquer et de développer un climat de confiance mutuelle. L'exploitation de ses sens l'aidera à mieux se connaître, donc à mieux juger ce qu'il lui faut pour combler son être.

L'enfant qui est en contact avec ses sens a la possibilité de mieux s'exprimer.

Il se voit et voit mieux,
il s'écoute et écoute mieux,

il se touche et touche mieux,
il se sent et sent mieux,
il s'alimente et alimente mieux.

Le mot «sens» le dit clairement: les sens servent à sentir et ressentir. Ressentir ce que l'on voit, ce que l'on écoute, ce que l'on touche, ce que l'on sent et ce que l'on goûte. Prendre le temps de sentir et ressentir au lieu de se bousculer et de se précipiter. Être attentif au présent.

Aidez votre enfant à aiguiser ses sens intérieurs et à fixer son attention, afin qu'il soit totalement concentré sur ce qui est ici et maintenant. Ressentir, au lieu de consommer au moyen des yeux, des oreilles, des mains, du nez et de la bouche. Laissez l'exploration sensorielle devenir une habitude pour votre enfant et non un monde **interdit.**

Les sens représentent la vie intérieure: les pensées, les sensations et les émotions.

Plus conscients de vos sens, vous et votre enfant pourrez mieux **exprimer** ce que vous ressentez. Être enfant, c'est vivre avec ses sens et non à côté de ses sens. Trop d'hommes se dénaturent en coupant le contact avec leurs sens.

Pour un meilleur équilibre, l'enfant a besoin d'être en contact avec ses sens, car ceux-ci lui procurent les sensations reliées aux émotions telles que: la joie, la tristesse, la colère et la peur.

L'enfant a besoin d'être encouragé à exploiter et à explorer son univers sensoriel, afin qu'il puisse mieux répondre à ses besoins:

- physiques
- intellectuels
- sociaux
- affectifs
- spirituels
- et sensoriels.

Les capacités sensorielles de l'enfant se développent en fonction de:

1- son hérédité (héritage génétique et familial)
2- son environnement (intérieur, physique et social)
3- son éducation (restrictions ou permissions).

Coupé de ses sens, l'enfant vit la peur de s'exprimer. Il est sujet à se replier sur lui-même. Il refoule ses émotions. Il a de nombreuses résistances intérieures et extérieures. Il n'ose pas, il refuse de s'ouvrir et c'est là l'origine de ses drames intérieurs.

Un enfant qui est en contact avec ses sens s'accueille mieux dans ses réactions physiques et psychologiques.

Aidez-le à ouvrir les yeux,
aidez-le à ouvrir les oreilles,
aidez-le à ouvrir les mains,
aidez-le à ouvrir la bouche,
aidez-le à ouvrir les narines.

> *Il conservera cette ouverture uniquement s'il reçoit des renforcements positifs de votre part.*

En provoquant des pensées négatives chez votre enfant, par vos mots et vos gestes, vous affecterez son **estime de soi.** Il se sentira très vulnérable à la critique et à la contestation de son environnement. **Entretenir du ressentiment et de la haine est un poison pour l'esprit.** Aidez-le à prendre soin de sa santé physique et psychologique. Une approche positive a une puissance curative. C'est en l'aidant, en tant que metteur en scène, que vous contribuerez à développer ses capacités sensorielles. Il sera alors en mesure de choisir quand s'ouvrir, comment s'ouvrir et où s'ouvrir afin de s'exposer aux stimuli extérieurs.

Par son vécu sensoriel, l'enfant est en contact avec son univers émotif.

Comme l'être humain est un tout, on ne peut séparer le corps de l'esprit. Par exemple, l'excès de poids, les tensions chroniques et plusieurs maladies correspondent souvent à une difficulté d'expression de la tristesse ou de la colère.

> *Le corps se souvient de tout ce que l'esprit a emmagasiné.*

Notre corps est un «sixième sens». Il a son propre langage au moyen duquel il nous envoie de nombreux messages.

Par ses maux et ses maladies, le corps nous parle.

Le corps, c'est notre maison et notre véhicule. Il faut s'arrêter pour l'écouter. Le corps sait de quoi il parle. Trop souvent coupé de ses cinq sens, il nous transmet des signaux d'alarme, de protestation et parfois d'urgence.

Le corps a ses raisons que la raison ne connaît pas. Le corps et l'esprit sont deux éléments indispensables pour mieux:

1- vivre
2- se mouvoir et s'émouvoir
3- s'exprimer.

L'odorat

D'abord quelques faits au sujet de l'odorat:

«Le sens de l'odorat est étroitement relié à nos émotions. Les impulsions olfactives voyagent plus rapidement et plus directement vers le cerveau que les impulsions visuelles ou auditives. L'odorat peut être utilisé efficacement contre le stress, pour diminuer l'hypertension et pour soulager la douleur. C'est ce que les scientifiques appellent «l'aromathérapie».

Chez les nouveaux-nés, c'est un des premiers systèmes qui fonctionne. Un enfant de deux jours, nourri au sein, peut reconnaître le lait de sa mère parmi celui d'autres femmes. Nous nous souvenons plus longtemps de ce que nous sentons que de ce que nous voyons ou entendons. L'être humain peut percevoir plus de cinq mille odeurs différentes et l'odorat est dix mille fois plus sensible que le sens du goût».[3]

L'odorat, ou sens olfactif, a comme fonction de prendre contact avec les odeurs de l'environnement. C'est par le nez que l'enfant découvre sa sensibilité au parfum de son corps et de son environnement.

Exposé ou entraîné à **sentir**, l'enfant développe ses préférences, ses sensations et sa sensibilité en choisissant et en sélectionnant les odeurs agréables ou plaisantes. Les odeurs affectent les émotions.

Dès la naissance, à la sortie du vagin, le nourrisson a besoin d'air pour survivre et ne pas endommager les cellules de son cerveau par un manque d'oxygène.

L'organisme a besoin d'air pour fonctionner. La respiration, c'est la vie de l'enfant. Manquer d'air ou avoir une respiration agitée occasionnent plusieurs désordres physiologiques.

La respiration est au corps humain ce que l'eau de la mer est au bateau; c'est-à-dire que le corps réagit au rythme de la respiration comme le bateau réagit au rythme des vagues.

Malheureusement, l'individu ne respire profondément que lors de douleurs (accouchement) ou d'activités physiques intenses (course, haltérophilie). Il oublie de respirer consciemment durant ses activités normales. La gymnastique respiratoire est calmante et source de bien-être lors d'épreuves comme le stress, la panique ou la peur.

---

3.   Extraits de **La Gazette**, 86/11/21.

> *Une bonne respiration calme l'enfant et lui permet de reprendre son souffle.*

Lorsqu'il retient sa respiration à cause d'un choc émotif, son corps réagit.

Les réactions peuvent être du genre:

> constipation,
> tension,
> étourdissements,
> contraction,
> vomissement, etc...

Une bonne respiration nettoie l'organisme et détend les muscles. L'oxygène inspiré sert donc de détergent et de médicament.

Il est remarquable de constater que la peur, l'angoisse et le refoulement causent une mauvaise respiration et bloquent le souffle. À force de refouler ses émotions, l'enfant étouffe à l'intérieur de son corps.

Sans oxygène, l'organisme se pollue. À l'aide d'une bonne respiration, l'enfant sera plus détendu et plus souple.

Exposez l'enfant à un climat favorable au développement de son odorat. Faites-lui découvrir:

Son environnement intérieur:

1- l'odeur de son corps avant ou après le bain.
2- l'odeur de son corps avant ou après un effort.
3- le parfum des produits esthétiques, hygiéniques et sanitaires...

Son environnement physique:

1- l'arôme des produits alimentaires, avant, pendant et après la cuisson.
2- les odeurs de son milieu climatique, chacune des saisons, l'humidité, l'air sec, les odeurs avant, pendant et après la pluie, les odeurs avant, pendant et après la neige, les odeurs transportées par le vent.
3- les senteurs de son milieu naturel: les fruits, les légumes, les herbes, les fleurs, les lacs, les rivières, les chutes, la mer, la terre, le vent, le feu...

Son environnement social:

1- les parfums.
2- les odeurs d'autrui.
3- les odeurs des animaux domestiques et sauvages...

Remarques

1- Personne n'aime avoir le nez bouché. Aidez votre enfant à sentir les parfums de son corps et de son environnement.

2- Apprenez-lui à respirer par le nez et par la bouche.

3- Par temps froid, il est recommandé, les premières minutes, d'expirer par le nez afin de réchauffer les fosses nasales.

4- Des bonnes marches avec votre enfant le sensibiliseront à bien respirer si vous lui en rappelez l'importance.

5- Assurez-vous que sa respiration s'accomplit en douceur et de façon naturelle.

6- Il est bon de l'aider à réaliser les effets de l'air qui circule dans ses narines et dans sa bouche.

7- Respirer permet de faire le vide, de s'arrêter et d'apprendre à s'écouter.

8- Dans une société de production et de consommation, tout est centré sur l'action et la réussite. La respiration consciente et naturelle aidera l'enfant à se délivrer et se libérer du stress quotidien causé par ce mode de vie trépidant qui nous **oppresse** et nous **étouffe.**

9- «L'odorat est au goût ce que la vue est au toucher». (Jean-Jacques Rousseau).

10- L'enfant goûte mieux lorsqu'il respire les aliments.

11- Dans une situation de panique, l'enfant arrête souvent de respirer; aidez-le à reprendre son souffle.

12- Le sens de l'odorat est dix mille fois plus sensible que le sens du goût.

13- Expirer par la bouche en prononçant les voyelles i, a, e, o, u (dans cet ordre) peut nous détendre.

14- On respire mieux quand on se sent aimé, dit-on !

15- Montre-moi comment tu respires et je te raconterai ton histoire.

En découvrant, grâce à votre aide, le parfum de son corps et les parfums de son environnement, il pourra mieux respirer dans la vie, dans son corps, dans sa tête, donc dans son espace vital.

L'air, c'est quelque chose de précieux et de gratuit, pourquoi s'en priver ? Prenez soin de son «écologie intérieure».

L'ouïe

Écouter sans crainte

Dès la naissance, c'est à la voix de sa mère que l'enfant la reconnaît. C'est par l'ouïe que l'enfant reconnaît les bruits et les voix.

Les stimuli sonores captés par l'enfant peuvent à l'occasion lui faire peur. Un bruit, une voix grave, des éclats de voix sont des facteurs qui peuvent effrayer l'enfant. Observez la réaction de votre enfant dans de telles conditions.

La capacité sensorielle de son ouïe a un effet important sur son développement. **Avoir des difficultés auditives peut amener des problèmes de langage et de compréhension.** L'enfant évolue avec sa sensibilité auditive.

Il apprend beaucoup de ce qu'il entend. Il reproduit des voix, des bruits et des sons. Surveillez votre langage, car l'enfant l'écoute et le reproduit.

L'oreille est une partie du corps très sensible. Entendre crier et parler fort produit un certain stress chez l'enfant.

Il est important aussi de faire la différence entre le verbe entendre et le verbe écouter:

* entendre: percevoir par le sens de l'ouïe[1]

* écouter: s'appliquer à entendre, prêter son attention à...

La concentration

Il m'apparaît important d'éduquer l'enfant à s'écouter et à écouter. **Être à l'écoute de soi et être à l'écoute de ce que l'on entend sont deux qualités à acquérir.**

Être capable de se concentrer sur l'écoute permet à chaque individu de vivre pleinement son sens de l'ouïe. Le père peut développer son écoute de soi pour être à l'écoute de son enfant. Un père à l'écoute répond au besoin qu'a l'enfant d'être entendu.

Votre enfant n'a-t-il pas besoin de se concentrer sur une seule chose à la fois ? Le fait de canaliser son énergie, en étant à l'écoute de soi et de son environnement, l'aide à devenir plus attentif.

L'enfant a de la difficulté à s'arrêter pour se concentrer car il a un grand besoin de bouger et d'être en action.

«C'est par l'expérience du silence et de l'inaction qu'une personne fait sa sécurité».[5]

D'autre part, amener l'enfant à écouter le silence lui permettra de faire de nombreux apprentissages. Par l'isolement et la solitude, il développera sa sécurité psychologique. Être seul, c'est très insécurisant pour l'enfant et l'adulte.

«Y'a des moments tellement beaux, qu'il n'y a que le silence pour le dire».[6]

Pendant mes cours de relaxation, j'ai observé les enfants et les adultes. J'ai constaté que plusieurs ont de la difficulté à s'écouter.

---

4.   Tirés du dictionnaire **Le Petit Robert**, éditions Société du Nouveau Littré, Paris, 1979, 2172 p..

5.   **Le Bonheur en soi**, Denis Pelletier, éditions Internationales Alain Stanké, 1981, p. 102.

6.   Tirée de l'album **Quelqu'un de l'intérieur de Francis Cabrel,** CBS 1983.

Aussitôt qu'ils ont les yeux fermés et qu'on leur demande de rester calmes, sans bouger, certains paniquent ou se sentent mal à l'aise. Le Silence, l'Obscurité et l'Immobilité sont les trois règles dont je me sers pour guider les étudiants vers la détente. Ces trois règles permettent à l'enfant d'être en contact avec son «soi».

Silence
Obscurité
Immobilité

Il est à remarquer, que dans un groupe, les enfants qui parlent toujours ou qui posent énormément de questions sont souvent de grands insécures.

«*Parfois le silence parle, parfois même il crie*».[7]

Combien d'enfants ont besoin du bruit (musique, radio, t.v.)! Ils ont de la difficulté à s'endormir dans le silence ou à travailler dans une bibliothèque. C'est trop tranquille, disent-ils !

La compréhension

Comme l'enfant a un grand besoin d'attention, savoir quand et comment l'écouter est un atout pour vous. **L'enfant nous dit quand et comment il veut être écouté et entendu.**

Il a besoin d'être écouté et entendu parce qu'il a quelque chose: **à dire.**

L'enfant, comme l'adulte, a besoin d'être **compris**, **accueilli** *et* **reçu** *pour établir une relation intime avec l'autre.*

L'écoute active du père est fondamentale. Écoutez votre enfant en respectant sa perception, son univers et son monde intérieur.

Un enfant qui n'est pas **compris**, **accueilli** ou **reçu** est:

souffrant,
triste,
et seul.

Exposez votre enfant à des conditions favorables au développement de son sens de l'ouïe.

---

7. Roger Perreault (ami de l'auteur).

Faites-lui découvrir:

Son environnement intérieur:

1- les battements de son coeur,
2- le son de sa respiration,
3- le craquement de ses os...

Son environnement physique:

1- les bruits de la maison,
2- le vrombissement des camions,
3- le crépitement du feu...

Son environnement social:

1- le son harmonieux du chant,
2- le son des instruments de musique,
3- la consonance des langues étrangères...

Encouragez les pensées positives chez votre enfant. **L'individu retient plus souvent le négatif que le positif.** L'enfance est une étape importante pour emmagasiner du positif.

Ce que l'enfant reçoit de son père comme renforcement positif verbal influencera son comportement. Tendre l'oreille à son enfant et lui accorder de l'attention positive par le biais de vos paroles sont deux éléments clés pour que celui-ci se sente bien avec vous.

Toute résistance entre l'enfant et son père puis, entre l'enfant et son environnement, créera des problèmes de contact et de communication entre eux. Aidez votre enfant à mieux verbaliser ce qu'il veut vous dire, dans son propre langage. Respectez sa propre perception et soyez à l'écoute de celle-ci.

Surveillez la manipulation qu'exerce l'enfant, parfois il écoute et entend uniquement quand cela fait son affaire. Évitez d'être une victime: assurez-vous d'avoir été bien compris en **vérifiant** auprès de votre enfant si le message a été reçu.

Attention aux expressions suivantes:

1- la vérité sort de la bouche des enfants
2- toute vérité n'est pas bonne à dire
3- ce que l'on ne sait pas ne fait pas mal
4- lave-toi les oreilles
5- j'ai pas compris.

Cet exercice vous servira à déterminer quel est le type de communication que vous établissez avec votre enfant.

Questions

1- Lesquelles de vos paroles lui procurent le plus de plaisir ?

_____

_____

_____

2- Lesquelles de vos paroles lui font le plus de mal ?

_____

_____

_____

3- Comment votre enfant aime-t-il être entendu ?

_____

_____

_____

4- Vous considérez-vous à l'écoute de votre enfant ?

_____

_____

5- Vous considérez-vous comme un père aidant et compréhensif ?

_____

_____

6- Votre langage en présence de votre enfant est-il soigné ?

_____

_____

7- Votre enfant écoute-t-il avec attention ?

_____

_____

8- Votre enfant a-t-il peur de votre voix, de votre ton ou de votre agression verbale ?

_____

_____

_____

9- *Votre enfant a-t-il peur de vous dire ou de vous demander quelque chose ?*

_____

_____

_____

10- Est-ce que vous comprenez bien votre enfant ?

_____

_____

11- Discutez-vous avec votre enfant ?

_____

_____

12- Êtes-vous aimable, chaleureux et accueillant envers votre enfant ?

_____

_____

13- Est-ce que vous aidez votre enfant à dire, demander, s'exprimer, négocier, s'excuser, verbaliser, partager, refuser ?

_____

_____

_____

14- La communication entre vous et votre enfant est-elle bonne ?

_____

_____

15- Sentez-vous que votre enfant vous écoute ?

_____

_____

16- Votre enfant vous écoute-t-il par peur ou par respect ?

_____

_____

17- *Votre enfant vous dit-il ce qu'il ressent pour vous ?*

_____

_____

18- Êtes-vous un père fermé ou ouvert ?

_____

_____

_____

19- Est-ce que vous exprimez clairement vos attentes à votre enfant ?

_____

_____

_____

20- Êtes-vous un père moralisateur ?

_____

_____

21- À propos de quoi aimez-vous le plus discuter avec votre enfant ?

_____

_____

_____

22- À propos de quoi votre enfant aime-t-il le plus discuter ?

_____

_____

_____

23- Êtes-vous capable d'évaluer les préférences auditives de votre enfant ?

_____

_____

_____

24- Trouvez-vous que votre enfant est manipulateur ?

_____

_____

_____

25- Est-ce que votre enfant s'exprime bien ?

_____

_____

Remarques

1- L'enfant doit être à l'écoute de son corps pour capter les signaux de protestation émis par ce dernier.

2- Le refus d'écouter les messages émis par le corps est une attitude masculine, mais maintenant de plus en plus féminine. De là le nombre élevé de crises cardiaques.

3- Un enfant sourd a de la difficulté à comprendre les notions de temps et d'espace (latéralité, rythme).

4- L'exposition aux décibels élevés est dangereuse.

5- La détente facilite l'écoute des rythmes intérieurs.

La vue

Imitation

L'enfant imite des comportements. Il a besoin d'un modèle pour s'identifier. Il a besoin de voir et de contempler pour donner un sens à sa vie. Depuis les succès de Patrick Roy comme gardien de but des Canadiens de Montréal, remarquez combien de jeunes gardiens de but bougent la tête devant leur filet et parlent aux poteaux des buts.

L'enfant imite vos humeurs et vos sentiments.

Le père est un miroir pour l'enfant. Il se regarde et se projette en vous. Il imite la façon dont vous consommez: de l'alcool, des médicaments, du tabac, des aliments, etc.

Manipulation

Attention à la manipulation. L'enfant voit et regarde ce qu'il veut bien voir et regarder. Souvent, l'enfant joue à **l'aveugle**. Il peut même vous citer en exemple: «Tu le fais bien, toi, pourquoi pas moi ?». Montrer l'exemple n'est pas toujours facile.

Observation et Exploration

Afin que votre enfant apprécie son corps, vous pouvez l'aider à en reconnaître et nommer les parties.

Vers l'âge de dix-huit mois, l'enfant est en mesure d'identifier, sur son corps ou celui d'un autre, les différents organes sensoriels. Par la suite, selon sa maturité personnelle, il apprendra à distinguer:

— les formes (rond, carré, rectangle, triangle)
— les couleurs
— les tailles (gros, petit)
— les distances (loin, près)
— les hauteurs (haut, bas)
— les vitesses (rapide, lent)

- les trajectoires (courbe, droite)
- les angles (ouvert, fermé).

Ainsi il développera ses capacités à se situer ou à situer une personne ou un objet dans l'espace:

- à gauche, à droite
- en avant, en arrière
- au-dessus, au-dessous
- autour
- à l'intérieur, à l'extérieur
- face à face
- dos à dos
- sur le ventre, sur le dos, sur les fesses.

Il est recommandé, pour acquérir ces notions d'espace, de faire pratiquer les exercices suivants à l'enfant, tour à tour les yeux ouverts et fermés. Rappelez-vous qu'un enfant ayant des difficultés auditives a plus de peine à se situer dans l'espace et le temps.

Exposez votre enfant à des conditions favorables au développement de sa vue.

Faites-lui découvrir:

Son environnement intérieur:

1- les différentes parties de son corps,
2- la couleur de sa peau, de ses yeux, de ses cheveux,
3- les creux et les bosses de son corps.

Son environnement physique:

1- l'école de son quartier,
2- les moyens de transport,
3- le terrain de jeu...

Son environnement social:

1- les différentes races,
2- les policiers,
3- le gardien d'enfant...

L'attention par le regard

a) **admiration**

L'enfant a besoin d'attention. Le regarder jouer, travailler ou réaliser une tâche quelconque est très valorisant pour lui. Le regard du père est une sorte de présence.

L'enfant exigera que vous le regardiez et il vous dira comment le faire.

Votre présence ne doit pas être uniquement physique. Par vos regards et vos gestes, vous répondrez à un grand besoin de l'enfant, celui d'**être admiré** et **reconnu.** «Soyez tout yeux, tout oreilles».

Vos regards lui témoigneront votre **reconnaissance** et votre **fierté.**

Vous aussi sentirez que vous êtes unique au monde pour votre enfant si, à son tour, il sait vous admirer. Nous reconnaissons toujours chez l'autre ce que nous sommes un peu. Par l'attention que vous porterez à votre enfant, vous découvrirez les valeurs qu'il a toujours possédées. Il tient peut-être de vous...

Anecdote:

«En situation de jeu, les élèves me regardent dans le but de recevoir un regard en rapport avec leurs bons coups ou leur réussite. Quand je regarde un élève, celui-ci a le réflexe de s'appliquer et de se concentrer. J'ai ainsi appris à développer mon observation et à regarder positivement les actions de mes élèves.

Ça fait chaud au coeur de recevoir un regard ou un renforcement positif de la part de quelqu'un que l'on considère important. Par vos mots, vos gestes et vos regards, vous encouragez et valorisez directement votre enfant.

b) **perception des émotions de l'enfant**

Sachez déchiffrer le langage non-verbal des enfants. Ne fermez pas les yeux devant la souffrance de ces jeunes.

L'enfant n'est pas toujours habile à exprimer ce qu'il ressent; vous pouvez l'aider à exprimer ses émotions, sans qu'il se sente agressé ou bousculé.

Laissez-lui le temps d'apprivoiser ses sentiments, tout en le sécurisant par votre présence accueillante.

Vous pouvez, par la vue, **décoder** les signaux émis par son corps.

Les signaux du corps ne sont pas toujours évidents mais sont souvent signes de conflits ou de crises chez l'enfant.

Ces différents signaux sont porteurs de messages, soyez-y attentifs. Apprenez à lire son corps.

> *Il vous sera difficile d'être attentif aux messages du corps de votre enfant si vous ne savez pas écouter ceux de votre propre corps.*

c) **surcharge**

Quoi qu'il en soit, la vue est un sens très stimulé par l'environnement.

Dans la société d'aujourd'hui, malheureusement, les gens écoutent moins bien, car ils sont plus centrés sur ce qu'ils voient.

Pourtant, c'est souvent un son que l'on a entendu qui fait que l'on regarde une personne, un animal ou autre chose dans notre environnement.

Trop souvent sollicités, les yeux ont besoin de se reposer et de se fermer.

Remarquez à quel point de nombreux enfants ont de la difficulté à s'endormir. Le mode de vie trépidant les essouffle. Le retour au calme est difficile à réaliser.

Je vous suggère de guider l'enfant vers la détente avant son sommeil. Il a besoin d'un climat serein pour entrer en contact avec sa paix intérieure.

d) yeux dans les yeux

Encouragez votre enfant à regarder dans les yeux les gens à qui il parle ou qu'il écoute.

Le contact par les yeux facilite la communication. Il aide à vaincre les résistances et évite les fuites.

Les yeux parlent. On peut parfois se sentir menacé si on nous regarde dans les yeux. Apprenez à votre enfant à pratiquer le contact par les yeux. Pourquoi ne pas prendre son visage dans vos mains pour lui parler ? Le langage du corps se perçoit par les yeux. Lire le discours du corps, c'est être branché avec **l'intimité** de l'autre. Sa confiance grandira et votre intimité avec lui en même temps.

Remarques

1- Les sens de la vue et de l'ouïe sont excessivement importants pour apprendre à parler, lire, écrire et compter.

2- L'enfant visuel a besoin d'un apprentissage imagé.

3- Les yeux sont les fenêtres du corps. (Léonard de Vinci).

Le toucher

La bulle

Les sensations tactiles nous mettent en contact avec notre corps ou un corps étranger (humain, animal ou matériel).

L'éducation corporelle de votre enfant est une question de **tact**. Le corps de l'enfant représente sa maison et son véhicule. Il habite son corps dès sa naissance. C'est là que l'enfant développe son **intimité** ou son **espace intime**.

Afin de garder son équilibre et de se protéger contre con environnement, l'enfant développe autour de lui une bulle imaginaire.

Dans l'enfance, c'est par le contact avec sa mère ou son père qu'il se sécurise.

Avec le temps, c'est par cette bulle qu'il forme psychologiquement autour de lui qu'il se protège. Ainsi, son intimité est protégée par ses vêtements, sa peau, son système pileux et ses écrans **protecteurs**.

L'éducation corporelle de votre enfant joue un rôle important dans sa capacité à protéger son espace vital.

L'enfant comme l'adulte n'aime pas toucher et se faire toucher par n'importe qui, n'importe où, n'importe comment et n'importe quand.

C'est dans un climat de confiance et de sécurité que l'enfant sort de sa bulle ou y laisse entrer quelqu'un.

Les enfants ont tous besoin d'affection. Pour y répondre, ils doivent se sentir sécurisés.

Il peut vous opposer des résistances sans pour autant vous rejeter.

Est-il difficile pour vous d'apprivoiser le toucher ? L'enfant, l'adulte et le vieillard ont tous besoin d'une présence pour établir le contact et éveiller la sensibilité de leur corps afin de sentir qu'ils existent. Le contact avec un corps étranger sécurise l'être (humain ou animal). Pensez à l'ourson de peluche qui apporte une présence à l'enfant. L'ours est le symbole de la mère.

Toucher avec les yeux, c'est permis, mais toucher avec les mains ou une autre partie de son corps, c'est toujours risqué.

«*Mais nous ne devenons vraiment humains qu'en tendant les mains, en risquant, en faisant confiance aux autres, en les faisant rentrer*».[8]

L'enfant est capable d'apprendre à construire sa bulle tout en respectant la bulle de l'autre, parce qu'il sait que l'autre possède aussi sa maison et son intimité. L'enfant adopte des attitudes vis-à-vis de l'autre, il émet des signaux visuels.

La répulsion est un signe que l'autre ne veut pas de contact ou n'est pas prêt à nous recevoir.

C'est important d'apprendre à l'enfant à ne pas envahir et à ne pas se faire envahir par l'autre.

---

8. **Apprendre à vivre et à aimer,** Léo Buscaglia, éditions le Jour, 1983, p. 205.

Vouloir toucher l'autre ou être touché par lui implique toujours le risque d'être refusé, mal reçu ou repoussé.

L'enfant a besoin d'accepter et de respecter son corps ainsi que celui des autres.

Trop souvent, les contacts physiques qu'établit le père avec son enfant vont en diminuant avec l'âge. Transformez vos formes d'attention en attouchement pour conserver un contact physique avec votre enfant durant toute votre vie.

Les besoins de l'enfant changent et se transforment mais son besoin de contact est toujours présent.

Le père et son enfant se privent trop souvent de contacts physiques.

Aidez votre enfant à être heureux dans son corps et dans sa peau. Trop souvent laissées à la mère, ces sensations tactiles, provenant des deux parents sont très bénéfiques. Elles sont même indispensables.

Établissez un bon contact avec lui; il vous percevra moins comme un étranger.

Le toucher est une forme de motivation intrinsèque. **Le sport et le jeu favorisent le contact affectif. Alors, jouez ensemble.**

Pourquoi vous retenir? Vivez donc pleinement ce contact au lieu de vous en priver et par le fait même, vous **punir**.

Laissez circuler l'énergie de votre corps en ayant le plaisir de toucher votre enfant. Arrêtez de vous retenir; partagez vos sentiments sans résister.

Le toucher peut vous aider à exprimer ce que vous ressentez pour votre enfant, vos sensations, vos sentiments et vos émotions. Il ne s'agit pas d'enseigner à votre enfant à abandonner sa bulle, ses résistances ou ses barrières psychologiques à chaque occasion, mais de l'éduquer à savoir bénéficier de contacts corporels, tout en sachant respecter ses principes et valeurs personnels.

Ouvrez non seulement les yeux devant ce besoin de l'être humain, mais aussi vos bras. Tendez la main. Donnez un coup de pouce à votre enfant, il vous donnera un coup de main.

L'éducation corporelle est importante pour que l'enfant connaisse mieux son corps, ainsi que le vôtre. Plusieurs ne connaissent même pas la couleur des yeux de leur père, la forme de ses mains ou la texture de sa peau et de ses cheveux.

Les attitudes envers le corps

L'enfant peut apprendre et a besoin:

a) d'aimer son corps

* aimer sa couleur, sa forme, sa taille, sa texture pour qu'il puisse être mieux dans sa tête et dans sa peau

* aimer les besoins hygiéniques: vivre dans un corps propre pour éviter la maladie

* aimer prendre soin de sa santé physique: avoir un bon mode de vie, une saine alimentation, de bonnes nuits de sommeil, des activités physiques régulières, des activités de divertissement.

* accepter qu'il ne peut plaire à tous: on ne peut charmer tout le monde, on ne peut pas être admiré de tous, on peut être refusé...

L'enfant peut apprendre et a besoin:

b) d'écouter son corps

* écouter ses besoins nutritifs; donc, avoir un régime alimentaire équilibré selon son âge

* écouter son besoin de sommeil selon son âge

* écouter ses besoins d'action selon son âge

* écouter ses besoins de contact, de chaleur et de tendresse...

L'enfant peut apprendre et a besoin:

c) de respecter son corps

* respecter son besoin de sommeil et de repos

* respecter son rythme et sa maturité physique

* respecter ses besoins d'activités physiques

* respecter son corps pour le protéger contre l'environnement...

C'est en aimant son corps qu'il apprendra à le faire accepter et respecter des autres.

Amenez votre enfant à aimer, écouter et respecter son corps, cette maison unique, dans laquelle c'est lui, et seulement lui, qui vivra toute sa vie. Il apprendra à le découvrir comme un trésor.

Aidez-le à apprécier sa maison, son temple, son espace vital et chacune de ses pièces.

C'est en nourrissant l'intérieur de sa maison qu'il prend soin de lui. Être bien dans sa peau amène l'enfant à mieux s'intégrer et à moins s'isoler.

Il est important de préciser que l'abus de toute chose peut, à long terme, détruire la santé physique et psychologique de l'enfant.

Drogues, cigarettes, alcool, suralimentation, sous-alimentation, nuits blanches, surcharge ou manque d'activités, colères, frustrations sont autant d'exemples qui détruisent plusieurs vies.

Le développement corporel et le toucher

Dans son développement physique, l'enfant apprend de plus en plus à explorer et exploiter son corps et son environnement.

a) Afin de mieux développer le sens du toucher de votre **enfant, voici certaines suggestions:**

Son environnement intérieur. Suggérez-lui de:

- toucher sa peau
- toucher ses cheveux, son poil
- toucher les endroits âpres, doux, rugueux de son corps
- toucher avec sa langue, ses lèvres, ses mains
- toucher avec ses pieds et son nez
- toucher ses muscles
- masser son corps
- toucher son corps avec un objet doux (plume, poudre)
- toucher son corps avec de la chaleur, de la glace, de la boue, de l'argile
- appliquer sur son corps du savon, de l'huile, de la crème, de la lotion, de la poudre
- prendre un sauna, un bain tourbillon, flottant, moussant, glacial, de soleil, d'eau salée, de pieds, d'yeux, de nez, une douche froide ou une douche chaude
- poser sur son corps différentes textures
- frictionner son corps avec ses mains ou un gant de crin...

- établir un contact avec l'autre par le jeu:
  - la danse
  - le massage
  - les fêtes et les célébrations
  - le sport
  - les sports de combat
- l'enfant apprendra avec l'autre comment celui-ci aime être touché et approché
- il apprendra à vivre avec sa bulle, ses principes, ses valeurs, ses barrières, ses résistances, ses mécanismes de défense et il apprendra aussi à connaître ceux des autres.
- l'enfant apprendra à connaître:
  la **sensibilité** au toucher de l'autre,

la **chaleur**, l'**affection**, le **refus**, l'**acceptation**,
la **sensibilité**, la **tendresse** et la **rigidité** de l'autre...

Son environnement physique. Suggérez-lui de:

- toucher du tapis, du bois, du métal, des miroirs, des matières plastiques, des tissus, de la poussière, de la tapisserie
- toucher, dans le jardin ou sur votre terrain, le carré de sable, les balançoires, les chaises, l'eau, la boue, la piscine, le sable, le gazon, l'asphalte, les rochers.
- toucher du papier, des autos, des maisons, des trottoirs, des poteaux, des clôtures, du béton, de l'aluminium, de l'huile, de la graisse
- toucher la neige, la pluie, le vent, la grêle, la glace, la rosée, le givre...

Son environnement social. Suggérez-lui de:

- toucher des animaux domestiques, des animaux de la ferme, des insectes, des oiseaux, des reptiles, des poissons
- toucher des jouets, des vêtements et du tissu, du maquillage, de la peinture, du modelage et des équipements sportifs...

b) **Le toucher et sa richesse**

Énergie

«*Il n'y a pas seulement le sein, le biberon, il y a aussi la* **caresse**, la caresse qui se fait massage et circulation».[9]

Le toucher entre le père et son enfant développe une véritable intimité. La chaleur transmise au contact de votre enfant développe une énergie. Le contact physique a un pouvoir immunitaire et d'autoguérison. Les mains peuvent guérir. Écoutez votre enfant, il vous dira comment le caresser. Il a besoin de vos bras pour être **guéri**, **sécurisé**, **aidé** et **aimé**. Votre chaleureuse présence est essentielle. À chaque fois que vous en avez l'occasion, permettez-vous de le toucher. Demain, rien ne sera plus pareil. Profitez du moment présent. Quelques caresses par jour, ça réconforte et ça revitalise. Le toucher du bout des doigts lui apprendra à sentir le contact. Il est bon de toucher les yeux ouverts et les yeux fermés pour raffiner le goût et les sensations tactiles.

L'éducation corporelle amène un équilibre physique et psychologique. «Les contacts physiques en bas âge sont essentiels au développement de la personnalité. Ils sont aussi nécessaires à l'âge adulte».[10]

9.   Frédéric Le Boyer, **Shantala**.
10. **Le Plaisir**, Édouard Beltrami, Santé et Société, vol. 8, no 3, été 1986, p. 19.

Exemples de contacts:

les becs,
les caresses,
les chatouillements,
les frictions,
les massages,
etc...

les accolades,
les tapes dans le dos,
les poignées de main,
les grattements,
les pincements,

c) Le Temple

Le corps est la maison de l'enfant et son temple.

Il a besoin d'aimer son corps. Coupé de son corps, l'enfant perd de nombreuses sensations.

L'esprit peut beaucoup pour le corps et le corps peut beaucoup pour l'esprit.

Un climat favorable aide l'enfant à s'aimer, s'écouter et respecter son corps. Instaurez une certaine forme de **rite** ou de **cérémonie** lorsqu'il boit, mange, dort, bouge, se lave ou est lavé, se caresse ou est caressé, se berce ou est bercé.

Comme c'est nouveau à chaque fois, pourquoi ne pas le faire de façon rituelle, cérémoniale, solennelle, etc...

En encourageant ces habitudes chez votre enfant, vous lui permettrez de **ressentir** et de **goûter** plus sûrement le plaisir que procurent ces actions.

Le plaisir procuré par l'accomplissement de ces besoins primaires et fondamentaux est directement relié à son équilibre global. Son aspect physique, affectif, intellectuel, social, sensoriel et spirituel en dépendent.

L'enfant doit vivre dans un corps **connu**, **aimé**, **écouté** et **respecté** par lui-même et par son environnement.

«*Le sentiment d'appartenance procure la sensation d'être chez soi et d'être bien dans l'univers. Il procure la sensation de posséder un territoire où se réfugier*».[11]

> *Afin de vivre pleinement le sens du toucher, apprenez, avec votre enfant, à risquer.* **Faites un pas vers lui.** *Le plus grand risque, c'est de ne rien risquer.*

---

11. **Le Bonheur en Soi**, Denis Pelletier, éditions Internationales Alain Stanké, Mtl 1981, p. 25.

Vous ne pouvez pas demander à votre enfant d'être comme vous. Soyez en contact et en communication avec **lui.**

L'exercice suivant vous démontrera la forme de contact corporel que vous préférez avoir avec votre enfant et celle qu'il a pour vous.

Questions

1- Comment aimez-vous être touché ?

2- Comment aimez-vous toucher votre enfant ?

3- Qu'est-ce qui vous empêche le plus de toucher votre enfant ?

4- Par qui aimez-vous être touché ? Quel type de gens ?

5- Quel type de gens aimez-vous toucher ?

6- Comparez les réponses que vous avez faites aux questions 4 et 5.

7- Avez-vous des résistances aux touchers et comment les exprimez-vous ?

_____

_____

_____

8- Quel point de votre corps est plus particulièrement vulnérable au toucher ?

_____

9- Comment recevez-vous l'autre quand il s'approche de vous ?

_____

_____

_____

10- Avez-vous reçu suffisamment de caresses de votre père ?

_____

_____

11- Vous accordez-vous assez de temps pour caresser votre enfant ?

_____

_____

12- Comment vous comportez-vous quand vous vous sentez menacé par un toucher ?

_____

_____

13- Quelles sont les caresses que vous avez le plus de mal à donner ?

_____

_____

14- Quelles sont les caresses que vous avez le plus de mal à recevoir ?

_____

_____

15- Quelles sont les caresses que vous donnez le plus souvent ?

_____

_____

16- Acceptez-vous que votre enfant entre dans votre intimité ?

_____

_____

17- Entrez-vous dans l'intimité de votre enfant ?

_____

_____

18- Vous considérez-vous comme un père chaleureux et affectueux ?

_____

_____

19- Votre enfant est-il chaleureux et affectueux ?

_____

_____

20- Êtes-vous un père aimable ?

_____

_____

21- Vous servez-vous du toucher comme récompense ou motivation intrinsèque ?

_____

22- Êtes-vous un père qui surveille son équilibre alimentaire, son sommeil, son activité, sa propreté, etc... ?

_____

_____

_____

23- Accordez-vous de l'importance à la qualité de l'alimentation, du sommeil, de l'activité, de la propreté et des caresses de votre enfant ?

_____

_____

_____

24- Comment vous sentez-vous quand votre enfant refuse vos caresses ?

_____

_____

25- Exprimez-vous votre besoin d'être touché ?

_____

_____

26- Votre enfant exprime-t-il son besoin de contact ?

_____

_____

27- Avez-vous une véritable intimité avec votre enfant ?

_____

_____

28- Prenez-vous le temps de caresser, masser, chatouiller, gratter ou frictionner votre enfant ?

_____

_____

_____

29- Aimez-vous être chatouillé, gratté, frictionné, massé ou caressé par votre enfant ?

_____

_____

Remarques

1- Le corps de l'enfant reflète son caractère.
2- Si vous ne savez quoi faire de vos mains, transformez-les en dispensatrices de caresses.
3- Le corps a un langage.
4- Une bonne lecture des messages du corps peut vous éclairer.
5- Chaque enfant a des écrans protecteurs utiles et inutiles.
6- L'éducation physique est un milieu favorable pour développer le toucher et la connaissance de son corps.
7- Le toucher nourrit le système neurovégétatif et apporte une charge affective et émotionnelle à l'enfant.
8- La peau est le lieu où aboutissent des milliers de terminaisons nerveuses; de là la sensibilité de l'enfant.
9- Un esprit sain dans un corps sain.
10- Touchez votre enfant dans un climat de douceur et de confiance.
11- Donnez beaucoup d'amour par votre contact, vos caresses et vos massages; vous toucherez un bon point.

12- Le corps se souvient, il a une grande mémoire.

13- Si vous ne pouvez pas ouvrir les mains, ouvrez les bras.

14- Bordez votre enfant dans son lit le plus souvent possible.

Le goût

L'alimentation

Quel plaisir l'action de goûter procure-t-elle !

Chaque enfant goûte à l'aide de ses papilles gustatives. Il goûte ce qu'il boit et ce qu'il mange.

Avec sa bouche, il suce, il tète, il mord, il mâche, il mastique, il déchire, il broie les différents produits alimentaires.

La qualité de son alimentation a une importance capitale pour sa santé physique et psychologique.

Un régime alimentaire équilibré, tel que prescrit par le guide alimentaire canadien, est excellent pour assurer sa croissance.

Ce que l'enfant consomme par la bouche lui sert de source d'énergie ou de carburant. Il a besoin d'un minimum de carburant pour conserver une bonne santé et se protéger contre son environnement. Il a besoin d'être nourri de façon équilibrée et intelligente. Selon son âge et les activités physiques qu'il pratique, l'enfant a des besoins nutritifs précis.

Il vous imite: il consomme ce que vous consommez. Si vous fumez, il risque de fumer. Si vous buvez de l'alcool, il risque d'en boire aussi. Si vous mangez des chips, il risque d'en manger. Sans vous priver, établissez avec votre enfant un régime équilibré et de bonnes **habitudes** alimentaires.

Je vous conseille de bien discerner les **besoins** nutritifs des **intérêts** nutritifs de l'enfant. Il préférerait manger seulement ce qui lui plaît en négligeant ainsi de combler ses besoins nutritifs réels.

«*On devient ce que l'on mange*».[12]

Trop souvent, les gens suivent un régime dans le but de maigrir au lieu d'adopter de bonnes habitudes alimentaires et de pratiquer des activités physiques.

Malheureusement, on boit et on mange bien souvent pour combler un vide, sans tenir compte des calories supplémentaires et de leurs effets secondaires.

C'est agréable de goûter, pourquoi s'en priver ? Le plaisir est accessible.

---

12. Ministère de la Santé.

De bonnes habitudes alimentaires et des activités physiques sont deux excellents moyens pour que votre enfant garde sa forme et sa santé.

Le plaisir

Observez comment un nourrisson prend plaisir à sucer ou à téter. Son plaisir est si grand qu'il s'endort pour en rêver.

Il peut, tôt après sa naissance, reconnaître la saveur de ce qu'il consomme par la bouche. Quel plaisir de goûter et de savourer !

Il a besoin de s'arrêter pour goûter et savourer ce qu'il mange et ce qu'il boit.

L'importance de bien se préparer à accueillir un nouveau repas n'est-elle pas primordiale ?

L'enfant, comme l'adulte, est plus stimulé à goûter si le plat est beau et aromatisé.

Par ce qu'il voit et ce qu'il sent, il peut prendre plaisir à goûter.

Accordez-vous du temps pour l'amener à apprécier la qualité d'un repas et pour lui faire reconnaître la chance qu'il a de se nourrir à satiété. Il doit prendre plaisir à goûter, savourer en mordant à pleines dents.

Boire et manger sont deux besoins fondamentaux; l'excès et les abus peuvent cependant détruire l'homme.

L'enfant doit aussi apprendre à goûter et savourer ses succès, ses victoires, ses talents et ses bons coups.

Il a besoin d'être nourri psychologiquement par des renforcements constants, afin qu'il goûte au plaisir que procure le succès.

Il peut goûter avec plaisir le contact avec son environnement physique et social ainsi que le contact avec son environnement intérieur.

L'enfant peut savourer avec plaisir

- son savoir
- son savoir-être,
- et son savoir-faire.

Il peut aussi savourer

- la vie,
- l'amour qu'il a pour lui et les autres,
- la joie, la paix et le silence.

Savourer et goûter les actes qu'il fait lui est essentiel pour combler ses besoins **d'acceptation**, de **sécurité** et **d'identité**, donc son grand besoin d'aimer et d'être aimé. **Apprendre à l'enfant à savourer ce qu'il est et ce qu'il fait lui permettra de s'aimer...**

L'hygiène dentaire

Parce que l'enfant boit et mange, il doit apprendre à favoriser et à maintenir sa santé dentaire.

Il apprendra à se brosser les dents, à utiliser le fil de soie et à rincer sa bouche.

Souvent, une mauvaise haleine est reliée au fait que la santé dentaire est négligée. Mais elle peut aussi être causée par un problème digestif.

La digestion

Il arrive qu'un enfant souffre de problèmes de digestion ou de constipation.

Afin d'améliorer sa digestion, il est important que l'enfant mange lentement, qu'il mastique et mâche avec soin les aliments afin qu'ils se décomposent et se digèrent plus facilement.

Plus les bouchées sont petites, plus elles sont faciles à digérer. Afin de bien mastiquer les aliments, certains spécialistes conseillent de mâcher d'abord du côté gauche et d'alterner par la suite de manière à ralentir le rythme et favoriser la digestion. Il est aussi conseillé, pour stimuler la digestion, de coucher l'enfant du côté droit.

Pourquoi ne pas prendre le temps de bien s'installer pour manger et déguster le repas ? En mangeant et en buvant trop rapidement, l'enfant ne mastique pas suffisamment et avale beaucoup d'air.

Il est important de reconnaître que certains aliments se digèrent mieux et plus rapidement que d'autres.

Digestion rapide	**Digestion lente**
les sucres	les graisses
les pâtes	les épices
les fruits	les huiles
les jus dilués	les acides
les légumes	les pâtisseries
	le chocolat
	les jus concentrés

Donnez-lui le temps de goûter et d'avaler.

Groupes d'aliments

1- Pain et céréales
2- Produits laitiers

3- Fruits et légumes

4- Viandes et substituts.

À travers ces quatre groupes d'aliments, apprenez à votre enfant à découvrir ces différentes caractéristiques:

sucré,	salé,
épicé,	doux,
fort,	chaud,
froid,	mou,
croustillant,	désaltérant,
crémeux,	fondant,

Résumé

À l'exemple d'une caméra, l'enfant reçoit des stimuli. Ce qui le distingue de la caméra, c'est qu'il possède cinq sens. C'est par les sens qu'il capte, imprime, enregistre et filtre les différents stimuli de son environnement. Chaque signal reçu provoque une réaction.

C'est l'ouverture sur son environnement intérieur, physique et social qui fera de lui un être **sensible** et vulnérable.

Afin d'obtenir une haute fidélité dans la réceptivité des stimuli, l'enfant ne doit pas développer un trop grand nombre de blocages psychologiques.

Il est en mesure d'apprendre à bien recevoir les messages captés par ses sens, tout en apprenant à s'isoler et à se protéger contre ceux qui peuvent perturber son **intégrité.**

La stimulation de l'enfant est fondamentale pour qu'il apprenne à développer avec harmonie:

a) sa connaissance de soi, de son milieu physique et social

b) son savoir, son savoir-faire et son savoir-être

c) ses notions d'espace, de temps, de rythme et d'énergie

d) ses goûts, ses intérêts, ses valeurs, ses principes, ses désirs et ses besoins

e) son pouvoir intime, son potentiel, son intuition, sa sensibilité, sa vulnérabilité

f) sa créativité et sa spontanéité

g) sa capacité de choisir et sélectionner ce qui est bon pour lui

h) sa capacité d'être confortable dans le silence et la solitude

i) sa rationalité et son émotivité dans le plus grand équilibre possible.

L'enfant conditionné, programmé comme un ordinateur ou une machine est dénaturé, déshumanisé et dépersonnalisé.

Soyez réceptif envers votre enfant. En tant que père, vous êtes l'étincelle qui lui donnera courant et énergie aussi bien que temps et amour.

En apprenant à vivre pleinement avec vos sens, en éliminant les résistances et les blocages de votre vie, vous alimenterez votre sensibilité intérieure.

Apprenez à éveiller vos sens pour savourer chaque instant de votre vie et les partager avec votre enfant.

Il faut du temps pour apprivoiser les sens et les réactions que ceux-ci procurent. Développez chez votre enfant sa capacité de se concentrer, de sentir et ressentir ce qu'il vit. De nos jours, bien des gens ont de la difficulté à se **concentrer** sur l'essentiel. Ils sont partout et nulle part à la fois. Dites-vous bien que l'ordinateur ne peut pas vous remplacer comme père; vous avez trop de **sens** pour ça.

L'enfant a besoin d'être regardé, écouté et touché. Il a besoin d'attention et de délicatesse pour consolider son degré **d'acceptation, de sécurité et d'identité.**

Être en contact avec ses sens, c'est donner du sens à sa vie, c'est l'essence de la vie, c'est le gros bon sens.

«Et ainsi la plupart d'entre nous passent leur vie à ne voir que ce qu'ils veulent voir, à n'entendre que ce qu'ils veulent entendre, à ne sentir que ce qu'ils veulent sentir et tout le reste leur demeure invisible. Et pourtant toutes les choses sont là».[13]

Afin de mieux communiquer avec votre enfant, pourquoi ne pas **entrer** dans son **monde**, sa **perception**, son **univers**, au lieu de ne **parler** que de vous.

Votre enfant a quelque chose à vous apprendre et à vous enseigner.

Demandez-lui ce qu'il voit,
ce qu'il entend,
ce qu'il sent,
ce qu'il goûte,
ce qu'il touche.

Vous comprendrez bien des choses car l'essentiel est invisible pour les yeux. Cela vous mettra en contact avec lui, avec vous-même et avec la vie.

---

13. **Apprendre à vivre et à aimer,** Léo Buscaglia, éditions le Jour, 250 p..

> *Chaque enfant est différent et vous devez lui appren-*
> *dre qu'il est unique au monde. Ne demandez pas à*
> *votre enfant d'être ce que vous auriez aimé devenir.*
> *Guidez-le en le laissant être lui-même.*

Chaque individu a le potentiel nécessaire pour voir, entendre, sentir, goûter et toucher, mais souvent nous oublions comment l'utiliser.

Les sens sont des organes que l'enfant peut utiliser à volonté, afin de devenir réellement lui-même.

Vous pouvez, avec votre enfant, **voir** comme vous n'avez jamais vu auparavant, **entendre** comme vous n'avez jamais entendu auparavant, **sentir** comme vous n'avez jamais senti auparavant et **toucher** comme vous n'avez jamais touché auparavant.

Vous avez le choix entre l'isolement et la retenue ou l'utilisation de vos sens pour assumer la joie, la tristesse et la déception que cela procure.

De toute manière, comme l'esprit est relié au corps et le corps à l'esprit, on ne peut pas tricher, **car l'esprit, comme le corps, rejette ce qui est en conflit avec nos valeurs, nos principes, nos intérêts, nos goûts, nos besoins et nos désirs. Le corps est le véhicule des sens.**

Prenez soin d'ouvrir bien grand:

- vos yeux pour mieux voir votre enfant
- vos oreilles pour mieux entendre votre enfant
- vos bras pour mieux le toucher, le caresser, le protéger et l'accueillir
- vos narines pour mieux le sentir
- votre bouche pour mieux l'embrasser et lui parler.

Stimuler son enfant dans un environnement favorable et dans un climat de confiance, c'est lui apprendre à mieux vivre et à mieux aimer.

Se soucier de l'être de son enfant, de son bien-être et de son mieux-être, c'est lui apprendre à **se faire du bien,** à **prendre soin de lui,** à **se prendre en considération,** donc à **s'aimer.** Cette expérience d'être son propre père et sa propre mère le rend plus habile à saisir ses véritables besoins, plaisirs, attentes, désirs et goûts. C'est ce qui l'amènera à mieux choisir ce qui est bon pour lui dans son environnement intérieur, physique et social, sans que vous soyez toujours présent. **Aidez votre enfant à prendre en charge son propre présent et son propre devenir...**

NOTES PERSONNELLES:

CHAPITRE 7

Les sentiments à développer et les peurs à prévenir.

Les cinq qualités essentielles du père et les trois besoins affectifs de l'enfant

C'est en regardant l'effet des ordinateurs sur les enfants que j'ai réalisé encore plus leurs besoins et leurs intérêts.

Comment se fait-il que les enfants soient si intéressés et captivés par les ordinateurs ? Ils sont captivés, parce que les ordinateurs sont des machines à leur **service**. Les ordinateurs sont à leur service parce qu'ils sont:

> accessibles,
> réceptifs,
> constants,
> authentiques,
> et logiques.

Afin d'être au service de votre enfant, pourquoi n'apprendriez-vous pas à être:

1- Accessible par votre disponibilité*

* Définition: état de ce dont on peut disposer, de ce dont l'action, le jugement, les sentiments peuvent se modifier librement.[1]

2- Réceptif par votre attention*

*Définition: disposition à la prévenance envers quelqu'un.[1]

3- Constant par votre justice*

*Définition: reconnaissance et respect des droits et du mérite de chacun.[1]

4- Authentique par votre souci de la vérité*

*Définition: connaissance conforme au réel.

5- Logique par votre aptitude à la négociation* (flexibilité)

*Définition: recherche d'un accord par des entretiens, des échanges de vue et des démarches.[1]

En étant disponible, attentif, juste, vrai et flexible, vous répondez à de nombreux besoins, intérêts et attentes de l'enfant, car celui-ci a besoin de modèles humains pour apprendre à s'accepter, se sécuriser et s'identifier. Une machine ne suffit pas. Référez-vous à ce programme de vie:

Besoins et attentes de l'enfant (input)	Réponse du père (output)
A- Acceptation de soi	respect, écoute, appui, encouragement, support, motivation, attention. (l'enfant n'aime pas être jugé, critiqué ou contesté car ce comportement développe un sentiment de **rejet**)
B- Sécurité	protection, encadrement, structure, soutien, leadership, confiance, confirmation, approbation, contact physique. (l'enfant insécure n'a pas **confiance** en lui-même)
C- Identité	affiliation et appartenance à sa famille, reconnaissance, considération, valorisation, respect de l'intimité. (l'enfant qui ne peut s'identifier n'a pas **d'estime** pour lui-même et sa vie a moins de signification).

---

1.   Tirés du dictionnaire **"Le Petit Robert"**, éditions Société du Nouveau Littré, Paris, 1979, 2172 p..

L'acceptation de soi, la sécurité et l'identité sont trois sentiments durables qu'aucune machine ne peut transmettre à l'enfant. Le père a donc un rôle primordial à jouer en ce qui concerne les sentiments de son enfant. C'est pour ça que le père ne doit pas réagir comme une machine ou comme un ordinateur. Le père doit faire usage de ses sentiments et de ses émotions. C'est beau d'être disponible, attentif, juste, vrai et flexible mais l'apport des sentiments et des émotions est fondamental.

Un ordinateur n'a pas de bras pour serrer ou réconforter. Il n'a pas de bouche pour embrasser et parler. Il n'a pas d'oreilles pour écouter. Il ne possède pas d'yeux pour regarder et toucher du regard. Il ne possède que quelques propriétés qui le mettent à notre service.

Mais l'homme a beaucoup plus. Le père possède des sens et des sentiments qui dépassent la nature de la machine. Le père qui a un comportement semblable à un ordinateur, c'est-à-dire sans émotions, se dénature et perd tout contact avec son enfant.

Il faut être «branché», sensibilisé aux besoins et aux attentes de l'enfant, tout en lui communiquant ce que l'on **ressent** de notre côté. Communiquer notre amour, notre chaleur, nos joies, nos peines, nos peurs, nos déceptions, etc.

L'ordinateur ne peut pas apprendre à l'enfant à **s'accepter**, à **se sécuriser**, et à **s'identifier**. En revanche, par vos gestes, vos paroles et vos actes, vous pouvez développer ces trois sentiments. C'est en répondant à ces sentiments que vous, le père, comblerez son plus grand besoin, celui qu'aucune machine ne peut combler, soit:

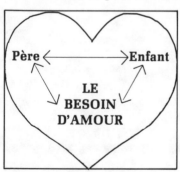

Votre enfant a besoin d'amour, d'affection et d'attention; êtes-vous en mesure de combler ces attentes ?

C'est par l'amour que l'enfant éprouvera pour lui-même qu'il apprendra à découvrir et à développer son pouvoir intime.

Malgré le pouvoir que les ordinateurs ont sur les enfants, ceux-ci auront toujours besoin d'un modèle de père, sensible et attentif.

Choisissez dès maintenant d'être pour votre enfant:

1- un robot
2- un ordinateur
3- ou un «**père**».

Exercices de réflexion

Cet exercice de réflexion a pour but de vous aider à observer la place que vous occupez comme père et de vous faire voir si vous êtes bien dans ce rôle.

1- *Répondez-vous aux demandes, aux besoins et aux attentes de votre enfant ?*

_____

_____

2- *Êtes-vous satisfait du contact que vous avez avec votre enfant ?*

_____

_____

3- *Êtes-vous confortable dans votre rôle de père ?*

_____

_____

4- *Occupez-vous votre place en tant que père ?*

_____

_____

5- *Êtes-vous un père heureux ?*

_____

_____

6- *Y a-t-il de la place pour votre moi-enfant dans votre rôle de père ?*

_____

_____

7- *Y a-t-il de la place pour votre vie personnelle dans votre rôle de père ?*

_____

_____

8- *Y a-t-il de la place pour votre vie de couple dans votre rôle de père ?*

_____

_____

En bénéficiant de votre disponibilité,
                    votre attention,
                    votre souci de justice,
                    votre capacité à être vrai,
                    votre capacité à négocier
et de vos capacités à développer chez lui des sentiments d'acceptation,
de sécurité et d'identité, votre enfant sera riche d'un amour qui fera de
lui, à son tour, un bon père ou une bonne mère de l'an deux mille.

«*Les humains apprennent de leurs parents comment être parent*».[2]

L'instinct de conservation

Pour faire suite au chapitre sur les sens et l'essence de la vie, j'ai
jugé bon d'écrire un dernier chapitre sur les peurs de l'enfant.

Souvent, l'enfant a peur de voir, de goûter, de toucher, de sentir et
d'écouter. La peur empêche l'enfant de passer à l'action.

Le docteur Joseph Murphy affirme que les premières peurs de
l'enfant (peur de tomber et peur du bruit) sont innées et que ses autres
peurs sont acquises sous l'influence de ses parents ou de son environnement.[3]

Ainsi s'ajoutent, dans la tendre enfance, la peur de l'obscurité, des
mouvements brusques, des éclats de lumière, des personnes ou des
objets associés dans leur esprit à la douleur.

Alors, toute situation insupportable ou inconfortable et toute
sensation de douleur créent chez l'enfant une certaine peur.

La peur le paralyse et l'inhibe. La peur est captée par les sens et
affecte directement son équilibre. Elle peut:
— retarder son processus d'apprentissage,
— causer des maladies (crise cardiaque, vomissements, migraines,
  ulcères, etc.)
— affecter son développement physique, intellectuel, social, affectif,
  spirituel et sensoriel,
— créer des complexes,
— causer d'autres peurs...

2. **Naître gagnant,** James et Jongeward, éditions Inter, 1978, p. 107.
3. **La puissance de votre subconscient,** Doc. Joseph Murphy, éd. Le Jour, Montréal, 1980, 213 p..

Aidez votre enfant à vivre avec ses peurs et ses incertitudes afin qu'il les apprivoise pour ensuite les surmonter.

> C'est au contact de ses parents et de ses proches que l'enfant se sécurise et se protège dans l'enfance.

L'enfant qui vit dans le doute, la crainte et la méfiance est affecté physiquement et psychologiquement.

La première image de sécurité pour l'enfant est la mère. Ensuite, par la disponibilité du père et l'expression de son affection, l'enfant pourra mieux vivre la coupure avec sa famille et s'éloigner sans crainte du nid maternel, afin de mieux s'intégrer socialement. Le père a donc un rôle primordial à jouer dans la socialisation de son enfant, il doit faire tout ce qu'il peut pour que celui-ci soit en mesure d'assumer les difficultés et les défis du monde adulte, l'isolement et la solitude.

Affecté par la peur, l'enfant peut développer:
— une position défensive
— une attitude agressive
— une attitude de rébellion,

qui se réflétera dans son allure corporelle (tension, rigidité, genoux verrouillés, jambes molles).

Souvent influencé par sa famille, l'enfant développe des peurs causées par les interdictions du père, telles que:

peur de la rue,
peur de la vitesse,
peur de l'eau,
peur des hauteurs,
peur du plaisir,
etc...

L'observation des enfants, lorsqu'ils pratiquent la gymnastique, permet de constater qu'ils vivent différentes peurs selon leur vécu, leur caractère et leur personnalité. Ce type d'activité favorise le développement de la confiance en soi par la **connaissance de son corps.**

La gymnastique place l'enfant en situation de confrontation entre l'équilibre et la gravité, et cela en tout temps.

C'est par la force, la vitesse, la coordination, l'agileté et l'équilibre qu'il se sécurise et qu'il se rassure. Sa confiance en soi se développe lorsqu'il prend contact avec ses capacités et ses limites. Il surmonte la peur en se sécurisant petit à petit. Évidemment, l'enfant qui **hésite** risque de graves blessures. Pour cette raison, il vaut mieux suivre son rythme que de le bousculer.

Il a besoin d'équilibre pour ressentir la **sensation** de sécurité et de protection.

L'enfant, en tant qu'être humain, développe un instinct de conservation et de protection.

Dès la naissance, il utilise des stratégie qui manifestent cet intérêt de conservation. Ses mécanismes de défense se développent rapidement. Lorsqu'il se sent menacé, il adopte une position défensive qui le protège contre son environnement. Par le sourire, les cris, les peurs, le silence et ensuite par la parole, l'enfant exprime sa peur.

Trop souvent esclave de ses peurs et ses angoisses, l'enfant souffre beaucoup.

L'homme, en général, refoule et contrôle ses émotions causées par la peur. Laisser aller ces émotions; lâcher prise donnera à votre enfant un modèle à imiter.

Les enfants ont besoin d'un père authentique qui laisse voir ses forces et ses faiblesses. De cette façon, ils ne seront pas engagés dans la poursuite d'un modèle **inaccessible**.

Faites donc l'expérience de mettre de côté vos écrans protecteurs et d'éliminer les résistances qui vous étouffent, vous gênent et vous accablent.

Il faut amener l'enfant à assumer ses peurs pour mieux s'en dégager. Se dégager de la cuirasse et de l'armure qui le protègent mais qui peuvent aussi lui faire du mal.

Ne pas tenir compte de ses propres peurs ou des peurs de son enfant, c'est s'empêcher et l'empêcher de vivre à fond.

Vivre, c'est s'offrir de grandes joies mais aussi de grandes peurs et de grandes peines.

Il ne faut pas avoir peur d'exister et de se laisser vivre. Votre enfant a besoin d'un modèle humain avec ses forces et ses peurs. Il a besoin d'un modèle devant lequel il lui sera permis de vivre ses peurs afin qu'il «s'attendrisse» le coeur, les muscles et les nerfs.

Selon Edouard Korenfeld, un enfant enraciné sur ses deux pieds, peut prendre une position orientée vers l'avant, vers l'arrière, vers l'intérieur ou une position totalement stable, ce qui caractérise la façon dont il assume sa peur. La position de base des pieds détermine les caractéristiques psychologiques des individus.[4]

---

4. **Les Paroles du corps,** Edouard Korenfeld, éd. Payot, 1986, 217 p.

Je vous parle du corps parce que la peur fait réagir énormément les muscles, les nerfs, la respiration, le coeur, les systèmes sympathique et parasympathique, et pour vous faire comprendre qu'elle provoque un déséquilibre psychologique et physiologique.

«Le courage, ce n'est pas de ne pas avoir peur, c'est d'avoir peur et de continuer».[5]

Développer le sentiment d'acceptation

L'enfant a besoin d'être accepté et ce, dès la naissance. Ce besoin est fondamental sur le plan émotionnel. Il doit ressentir de la reconnaissance, de la compréhension, de l'encouragement et de l'attention de votre part. Il a besoin de se sentir reconnu affectivement et socialement. Il a besoin d'être aimé, attendu et entendu.

Évidemment, l'héritage de l'enfant fait varier son degré d'acceptation. Certains enfants ont un besoin plus grand que d'autres d'être reconnus.

Voici donc certaines peurs qui se rattachent à ce sentiment d'acceptation:

Le rejet et l'incompréhension

Edouard Korenfeld dit aussi que l'enfant, dès la naissance, vit son premier rejet, soit le rejet maternel: la coupure de son cordon ombilical. Par la suite, il s'efforce de vivre une fusion ou une symbiose dans ses relations avec ses parents. Il agit pour plaire afin que son père prenne soin de lui. L'enfant n'aime pas vivre comme un être séparé; il a besoin d'une présence, d'être aimé et **reconnu**.[6]

Le père est une excellente source pour combler son besoin de reconnaissance familiale et sociale. Par des mots ou des gestes, répondez aux attentes de votre enfant.

> *Le sentiment de rejet est perçu chez l'enfant comme la peur de perdre quelqu'un, la peur de se sentir seul, isolé et de ne plus être aimé.*

De peur d'être rejeté, l'enfant adoptera une position pour plaire et pour séduire afin **d'être aimé**. Cette façon de vivre n'est pas durable, car les effets sont parfois essoufflants.

---

5. **Une famille libre,** André Frappier, éd. Primeur, 1984, p. 81.
6. **Les paroles du corps,** Edouard Korenfeld, éd. Payot, 1986, 217 p.

Il ne peut pas être aimé de tous. Il n'a pas à changer pour plaire. Il faut lui apprendre à être lui-même. Ce qui est important c'est d'être et non de paraître, sinon l'enfant n'existe que par rapport au **regard des autres.**

C'est en lui accordant de l'amour et de l'attention, qu'il **s'aimera, se sentira aimé** et **aimable.**

Il peut développer un sentiment de rejet face à son père, si celui-ci est indifférent et inaccessible.

On décrit l'enfant rejeté comme ayant les caractéristiques suivantes:
— centré sur lui
  (attire l'attention)
— centré sur ses besoins immédiats
  (n'aime pas vivre les délais et l'attente)
— estime de soi négative
— peur de faire du mal et de mal paraître
— degré considérable de frustration et d'agressivité
— difficulté à s'intégrer socialement
  (viole les règles en confrontant certains types d'autorité).

L'enfant peut développer aussi un sentiment de non-acceptation, si son père ne lui accorde pas le droit de **dire** ou de **demander.**

Le dialogue avec votre enfant est un moyen important de cultiver son degré d'acceptation.

Dans la communication avec votre enfant, apprenez à être **présent** et **réconfortant**.

L'enfant a besoin de quelqu'un qui l'écoute et le regarde sans le juger ou le comparer.

Certaines choses dans notre société sont jugées répréhensibles (pleurer, se montrer fragile...); d'autres sont valorisées (être fort, ne pas avoir peur...). Soyez affectueux pour que votre enfant **ose** s'exprimer dans un climat de confiance, d'attention et de chaleur. Votre enfant a besoin d'apprendre à risquer, à oser demander et à oser dire.

Questions

— Quelles émotions aviez-vous la permission d'éprouver quand vous étiez un enfant ?

_____

_____

_____

— Quel risque voyez-vous dans le fait de confier certains de vos sentiments à votre enfant ?

_____

_____

_____

C'est en étant encouragé à s'exprimer, dans un climat enrichissant et nourrissant, qu'il apprendra à mieux **verbaliser** ses émotions et non à les refouler.

Une attitude compréhensive vous permettra d'accueillir votre enfant et lui évitera un sentiment de rejet. C'est en accumulant des rejets et des mauvaises expériences que l'enfant développe la peur de s'exprimer. L'enfant se replie alors et intériorise les émotions refoulées. Il devient renfermé et inhibé.

Anecdote

Un jour, j'ai croisé dans le corridor de l'école une étudiante qui se rendait à un cours. Je lui ai alors dit: «Tu es encore en retard». À ma grande stupéfaction, elle se mit à pleurer. Comme je me sentais près d'elle émotivememt, et très empathique, je lui ai demandé de me suivre. J'avais envie de l'écouter et de l'aider car elle semblait triste depuis un certain temps. Encore une fois, j'ai réalisé à quel point les enfants ont besoin de quelqu'un qui les écoute. Cette jeune fille avait une peine profonde. J'avais l'impression qu'elle tentait de refouler les émotions relatives à son chagrin. Elle me confirma qu'elle avait beaucoup de peine car une personne n'avait pas été sincère avec elle et qu'elle se sentait trahie. Comme la sincérité était une valeur importante pour elle, cette jeune fille avait été blessée durement. Les jours précédents, elle avait mal dormi, avait eu des étourdissements, les oreilles et le nez bouchés, la gorge serrée...

La peine d'un enfant peut lui faire du mal, comme le feu qui détruit une forêt. Pendant les trente minutes qu'a duré notre entretien, j'ai ressenti avec elle les malaises qu'elle éprouvait dans son corps et dans sa tête. Suite à cette conversation, je lui ai conseillé d'aller prendre une longue marche autour de l'école et de respirer calmement.

Le corps subit par contrecoup ce que l'esprit n'accepte pas. Le corps se souvient.

Le refoulement provoque des réactions corporelles suffisantes pour rendre n'importe quel être humain malade. Alors, prévenez la maladie et offrez à votre enfant la chance de se sentir bien en l'écoutant et en lui offrant votre présence chaleureuse.

TRÈS IMPORTANT: il est possible d'aider l'enfant à exprimer le malaise qu'il ressent dans son corps et son esprit.

La jeune fille dont je vous ai parlé avait peur que personne ne la croit ou ne la comprenne. Dites-vous bien que dans presque toutes les situations où l'enfant souffre, il s'imagine, comme l'adulte, qu'il est tout seul à vivre cela. Il a l'impression d'être le seul à connaître la souffrance qui l'habite, mais ce n'est **qu'une impression.**

L'enfant va presque toujours vers sa mère pour se confier. Il a peur de demander à son père. La mère a presque toujours une réponse à donner à l'enfant, elle est présente et disponible. L'enfant a peur d'être rejeté par le père, de le déranger. Il a peur de son refus, car le **père représente souvent pour lui, l'autorité et l'inaccessibilité.**

Apprenez à faire respecter votre autorité sans abuser de votre pouvoir; l'enfant a besoin d'être bien, pas d'être soumis. L'amour et la fermeté sont deux moyens pour vous aider à établir une bonne relation avec votre enfant.

Les attentes et les exigences du père

L'enfant éprouve d'autres peur que celles du rejet et de l'abandon par son père. Ce sont celles reliées aux attentes et aux exigences de celui-ci.

Dans le chapitre cinq, je mentionnais que plusieurs des apprentissages de l'enfant sont influencés par les attentes et les exigences de son père. J'affirmais qu'il est important d'ajuster ses exigences en fonction de la maturité, des capacités, du potentiel, du rythme, de l'âge et de la personnalité de l'enfant.

Celui-ci, de nos jours, doit répondre à beaucoup d'exigences: à la maison, à l'école, lors d'activités sportives, parmi ses amis... Bref, partout, il lui faut **exceller** pour être aimé, reconnu, admiré et apprécié.

Oui, l'excellence. C'est bien beau, mais le **plaisir,** où est-il ?

Donc, vos attentes et vos exigences doivent être réalistes et en fonction de votre enfant. Évitez de faire comme de nombreux adultes, c'est-à-dire d'avoir des exigences très sévères et des objectifs inaccessibles. Vous serez confronté à votre façon de voir les enfants. Vous souffrirez de voir que les résultats que vous attendiez ne se concrétisent pas. Avant d'éprouver frustration, colère et violence, ajustez vos exigences aux capacités de votre enfant même si ce n'est pas toujours facile.

Attention, si votre enfant ne répond pas à vos attentes et à vos exigences cela ne veut pas nécessairement dire qu'il ne vous aime plus.

Il se peut qu'il ne réponde pas à vos exigences à cause:

1- d'un manque de maturité
2- d'un désaccord
3- d'angoisse, d'anxiété, de stress, ou autre.

Ne rendez pas votre enfant victime de vos déceptions. Sinon, l'enfant risque d'avoir peur et de penser qu'il n'a plus d'importance à vos yeux.

ATTENTION !

Il a peur de ne pas être à la hauteur de vos exigences.

— Il a peur de vous décevoir.
— Il a peur des **conséquences**, d'un échec, d'une erreur ou d'une infraction.
— Il a peur de votre intolérance.
— Il a peur de vous faire du mal par ses insuccès.
— Il a peur de votre manque de compréhension.
— Il a peur de vous faire honte.
— Il a peur que vous l'humiliiez.

Voici donc dix recommandations

1- Fixez des objectifs en fonction des capacités, du caractère et de la personnalité de l'enfant.

2- Ne vous projetez pas en votre enfant (si j'étais à ta place, si j'avais ta chance, si j'avais ton talent).

3- Exprimez clairement et fermement ce que vous attendez de lui (par rapport à son savoir, son savoir-être et son savoir-faire).

4- Soyez réconfortant et compréhensif après un échec, une faute, une erreur ou une infraction. **Pardonnez-lui,** c'est très important.

5- Respectez ses possibilités actuelles, ne lui demandez pas d'être adulte.

6- Soyez vigilant face à ses stratégies manipulatrices.

7- Acceptez et respectez ses différences et ses imperfections.

8- Ne mêlez pas vos émotions et celles de votre enfant.

9- Ne considérez pas un échec comme quelque chose de dramatique (ce n'est pas la fin du monde).

10- Supprimez le chantage et les menaces.

Bien des parents fondent beaucoup d'espoirs sur leur enfant et s'illusionnent sur la faculté de celui-ci à devenir un héros. Cet enfant souffre alors de cet excès de pression sur ses épaules.

L'enfant a un rythme bien à lui. Vous ne pouvez que le **guider et l'encadrer**. Vous devez réaliser que vous ne pouvez pas réussir à sa place. Il a besoin de vous pour l'orienter, l'informer et le sécuriser.

C'est par l'encouragement que vous incitez votre enfant à ne pas abandonner.

L'enfant a besoin de sentir qu'il est aimé, même s'il échoue et est incompétent, car il est dépendant émotivement de vous.

Veillez à ne pas transférer vos propres frustrations et refoulements à votre enfant. Il n'a pas à réussir là où vous avez échoué.

Véritablement exceller, c'est ne pas rendre votre enfant victime de vos frustrations et de vos colères.

Beaucoup d'enfants vivent des peurs associées aux exigences de leur père. Pour éviter cette situation, tenez compte du fait que votre enfant:

ne peut pas exceller en tout.
ne peut pas toujours être le meilleur,
ne peut pas toujours être le premier,
n'a pas votre besoin d'être reconnu,
n'est peut-être pas prêt à payer le prix pour être un champion.

D'autre part, le père doit cesser de se sentir responsable des insuccès et des échecs de son enfant, donc de se culpabiliser.

Le père ne doit pas se remettre en question constamment; il ne doit le faire que lorsque c'est nécessaire.

Il est important de réaliser qu'aucun père n'a le contrôle absolu sur son enfant. **L'environnement** et les **circonstances** sont deux facteurs aussi déterminants.

Dans le fond, votre influence est toute petite, mais si importante.

Vous pouvez apprendre à **ne pas trop exiger** de lui et à prendre vos distances pour devenir son ami. L'enfant aussi a besoin de se distancier de vous pour acquérir autonomie, initiative et sécurité.

Au lieu de pousser votre enfant à réussir à tout prix, donnez-lui:
l'amour,
la confiance,

la compréhension,
l'encouragement

dont il a besoin. Il aura envie de devenir un être humain qui développera, comme vous, des stratégies pour être reconnu et valorisé affectivement, socialement et professionnellement.

Un enfant rejeté est un enfant qui se croit dans l'erreur et ne se sent pas aimé. Rien au monde n'est plus difficile à vivre pour un enfant que d'être rejeté par une personne significative.

Jean Vanier disait, lors d'une conférence à l'Oratoire St-Joseph: «Le pire handicap d'un handicapé, c'est de ne pas être aimé ou de se sentir rejeté».

Les agressions verbales et physiques

L'enfant capte par ses sens les agressions verbales et physiques. De toute évidence, l'enfant développe certaines angoisses face à un père **autoritaire**, frustré, agressif et parfois violent.

À travers vos attitudes, l'enfant enregistre par le sens de la vue et de l'ouïe, votre langage verbal et physique.

Par vos paroles et vos gestes, vous causez parfois chez votre enfant des sensations de douleur ou de malaise qui développent un stress.

Les agressions entraînent aussi une baisse de **confiance** et **d'intimité** dans votre contact avec l'enfant. Il a comme réflexe de prendre un recul et de se refermer face à l'agression. Plus il est **dépendant émotivement** de vous et plus il est vulnérable et sensible à votre comportement.

L'enfant a peu de contrôle sur vos humeurs et vos attitudes.

Il n'est pas mauvais d'agir parfois avec une certaine **fermeté,** mais soyez prudent dans votre approche quand vous intervenez verbalement et physiquement.

Les enfants ressentent de l'angoisse quand le père crie, blasphème, critique et chicane...

Il ne s'agit pas de refouler vos émotions mais de prendre les moyens pour les communiquer clairement et calmement à votre enfant. L'intimité psychologique est une ressource pour communiquer avec son enfant.

Les malaises se développent dans une relation à cause de la quantité de critiques, d'ordres et de désintéressements vécus.

Le «tu» ravageur

Votre enfant se sentira moins rejeté si vous lui permettez de s'exprimer dans des situations agréables et positives. Selon votre réponse, il continuera ou arrêtera sa relation avec vous. Quand vous dialoguez avec lui, faites attention à vos commentaires. Il peut se sentir rejeté, accusé et dévalorisé lorsque vous lui parlez. Étant fragile, il ne possède pas la maturité émotionnelle pour parer aux agressions verbales et aux réprimandes. Faites usage du JE au lieu du TU ravageur. Le «tu» a pour effet de toucher directement l'être de l'enfant. La formulation des remarques avec le JE est moins dévastatrice.

Exemple:

changez	- Tu es fatigant...
pour	- je suis fatigué de constater que...
changez	- Tu es stupide...
pour	- Je trouve que ton geste est stupide...
changez	- Tu es énervant...
pour	- Ton comportement m'énerve...

Cette approche pour entrer en communication avec l'enfant (comme avec l'adulte) est très positive. Le JE dans votre formulation ravage moins, même si cela peut blesser ou décevoir. Vous ne pouvez pas, en tant que père, vous sentir toujours responsable des blessures de votre enfant. Par vos principes, vos valeurs, vos choix, vos décisions, vos goûts, vos besoins et vos intérêts, vous êtes différent de votre enfant. Il faut accepter ces **différences**.

La communication, avec ou sans paroles, doit être claire et précise dans un climat de confiance.

Quelle chance vous avez d'exprimer à votre enfant qu'il a fait quelque chose de bien ! C'est incroyable ! Pourtant, la réalité est tout autre: nous sommes très exigeants envers nos enfants, nous oublions que l'approbation et l'encouragement sont les racines profondes de leur **équilibre psychologique** et de leur **estime de soi.**

Votre enfant a besoin de votre approbation. Il a besoin de vous entendre dire qu'il est correct. Son équilibre psychologique dépend beaucoup de son état d'âme, de l'image qu'il se fait de lui-même.

Ce qui se développe chez l'enfant lorsqu'il se sent accusé c'est de la **culpabilité.**

Le père ne peut pas toujours analyser raisonnablement chaque situation avec son enfant. L'impulsion le fait souvent agir rapidement. Alors, rappelez-vous que le JE est moins dérangeant quand vous vous adressez à votre enfant.

Le «tu» culpabilise l'enfant.

Le «Tu» accuse et provoque un sentiment de culpabilité et de responsabilité tout entière de l'acte qui est reproché. L'enfant adopte donc une position défensive. Il devient tendu et crispé. Il développe une tendance à la rébellion car il se sent souvent menacé. Vous référant à ce qu'il est et à ce qu'il fait, cultivez le positif et la beauté intérieure de votre enfant par vos gestes et vos paroles.

L'enfant coupable se tourmente continuellement:

— il se pose souvent les questions:
> — Qu'est-ce que j'ai fait de mal ?
> — Qu'est-ce que je n'ai pas ?
> — Qu'est-ce qui me manque ?

L'être qui se sent coupable, c'est celui qui ramène tout vers lui qui s'auto-accuse. Empêchez votre enfant de se centrer sur lui-même, afin qu'il puisse mieux s'intégrer socialement.

Pour ce faire, ne serait-il pas préférable de communiquer avec le langage suivant:

> — je pense...
> — j'éprouve...
> — j'ai l'impression...
> — j'aimerais...
> — j'ai le sentiment...

Avant de perdre patience, de vous sentir manipulé et persécuté contrecarrez ces mauvaises habitudes et transformez-les à votre avantage en répondant avec beaucoup de **maturité**, de **sagesse** et **d'humour...**

D'autre part, vos gestes et vos manières ont des effets inévitables sur l'enfant.

Vous pouvez développer des peurs chez lui lorsqu'il vous voit:

> — consommer trop d'alcool
> — être intolérant face à la défaite, aux échecs, etc.
> — être violent
> — perdre votre maîtrise
> — vous disputer avec votre conjointe.

L'enfant développe alors de nombreux mécanismes de défense afin de se protéger contre ces actes.

Il peut **se rebeller** en refusant complètement de s'identifier à vous, son modèle et sa référence, ou bien il peut **vous imiter** en agissant de la même façon.

Il y a des enfants qui, rendus à l'âge adulte, sont violents à cause de la violence qu'ils ont vécue, alors que d'autres réagissent en devenant des partisans et des artisans de paix.

Parfois l'enfant aimerait ne pas entendre et ne pas voir certaines choses.

L'enfant qui grandit dans un climat d'amour, de confiance, d'écoute et de compréhension est susceptible de posséder une image de lui-même très positive. Son degré d'acceptation de lui-même et d'autrui est donc plus grand. Lui révéler ses richesses est essentiel pour sa santé psychologique. Il sera moins vulnérable face à la critique, aux contestations, aux réprimandes et aux messages négatifs transmis dans son environnement. Il se remettra alors moins en question face aux reproches.

Dites-vous bien que vous avez le droit, vous aussi, de vous fâcher, de vous exprimer, d'être spontané et impulsif; après tout, vous êtes un être humain.

Voici cinq suggestions pour favoriser la bonne entente

1- Apprenez à vous protéger dans chacune de vos relations avec votre enfant afin de ne pas accumuler de fatigue, de sensation, d'envahissement, d'intolérance et de refoulement.

2- Apprenez à demander et à dire les choses en vous faisant respecter sans pour autant **menacer, agresser** ou **imposer**.

3- Apprenez à bien vous faire accueillir, recevoir et comprendre en vous assurant que l'enfant est prêt à le faire.

4- Soyez, face à votre enfant, non seulement un adulte ou un père, mais aussi un être humain. Apprenez-lui à vous considérez comme un être humain et non uniquement comme un adulte, sans défauts, un modèle ou un héros.

5- Montrez-lui par l'exemple que vous ne pouvez pas toujours être parfait:
   – vous pouvez dire ou faire des choses désagréables
   – vous pouvez vous excuser et lui demander pardon quand vous êtes en faute
   – vous pouvez perdre votre maîtrise.

Finalement, **l'agression verbale et physique** est une forme de langage, l'expression d'un appel. Il faut savoir en décoder le message avant que cela ne devienne une habitude.

«Je me suis mis, moi aussi, à exprimer sans détour mes insatisfactions par rapport à eux, à gueuler quand ils me cassaient les pieds. J'ai découvert alors, que loin d'être impressionnés, ils se rapprochaient de moi, contents sans doute de constater que j'étais autre chose qu'un adulte ou un père, un être humain capable, comme eux, de réactions spontanées, de se mettre en colère, de chialer; une nouvelle forme de respect commençait à s'installer. Une fois descendu du piédestal, pourquoi continuer de jouer la comédie d'adulte «qui sait ce qu'est la vie» et de prétendre ainsi exercer un contrôle sur la vie de ses enfants».[7]

Il ne s'agit pas de devenir un dieu, mais de ne pas devenir un bourreau pour votre enfant.

Éduquez-le en étant raisonnable dans vos sanctions et vos punitions. L'apprentissage est toujours plus facile dans un climat de renforcement positif et agréable, alors qu'il est restreint dans un climat de peur et d'anxiété.

Dans ces situations,
- le rejet et l'incompréhension
- les attentes et les exigences du père
- les agressions verbales et physiques

l'enfant développe la peur de ne pas être accepté. Par le fait même, c'est la peur du rejet qui s'accumule. Par besoin de reconnaissance et d'approbation, l'enfant recherche profondément l'acceptation de son père.

Il a besoin de savoir qu'il est quelqu'un d'important dans la vie de celui-ci.

«Veux-tu de moi» ? demande-t-il.

«Suis-je quelqu'un, pour toi ?»

«Quelle importance ai-je à tes yeux ?»

L'enfant recherche ainsi acceptation, reconnaissance et **attention.**

Aidez-le à augmenter son degré d'acceptation afin qu'il n'ait pas à chercher l'approbation de tout le monde pour être heureux, et qu'il développe une certaine indépendance face au regard critique des autres.

En cherchant à plaire à tout le monde, souvent on se transforme et on devient sa propre victime.

Apprenez à encourager et réconforter votre enfant lors de ses peines, ses échecs, ses défaites, ses joies, ses succès et aussi ses rejets, afin de l'aider à se prendre en main. Votre renforcement est d'une importance capitale.

---

7.   **Une Famille Libre,** André Frappier, éd. Primeur, 1984, p.82.

Votre écoute vous servira à mieux le comprendre et à mieux intervenir pour l'aider à retrouver ou conserver son équilibre, son harmonie et sa paix intérieure, face au rejet et au refus.

Les questions suivantes ont pour but d'identifier vos besoins personnels et vos attentes vis-à-vis de votre enfant, ainsi que de vous aider à reconnaître vos frustrations, vos déceptions et votre colère.

Questions

1- *Avez-vous reçu suffisamment d'approbation, de considération, d'admiration et d'encouragement dans le passé ?*

_____

_____

2- Prenez-vous le temps de démontrer à votre enfant que vous l'aimez et que vous l'admirez ?

_____

_____

3- Avez-vous besoin de l'approbation ou de la confirmation des autres pour prendre une décision ?

_____

_____

4- Recherchez-vous la reconnaissance affective, professionnelle ou sociale ?

_____

_____

5- Quelles sont vos peurs face au rejet ?

_____

_____

6- Vous considérez-vous comme étant suffisamment reconnu par votre famille, vos amis et vos employeurs ?

_____

_____

7- Vos attentes sont-elles réalistes face à votre enfant ?

_____

_____

8- Quels besoins vos attentes de père servent-elles à satisfaire ?

_____

_____

9- Dans quelle mesure essayez-vous de changer votre enfant ?

_____

_____

10- Vos attentes sont-elles satisfaites ?

_____

_____

11- Quelle qualité ou performance dont vous êtes incapable attendez-vous de votre enfant ?

_____

_____

12- Quand vous vous sentez mal, laquelle de vos attentes n'est pas comblée ?

_____

_____

13- Êtes-vous un père affectueux, exigeant, autoritaire, sévère ou raisonnable ?

_____

14- Êtes-vous capable d'identifier les peurs que vous provoquez chez votre enfant ?

_____

15- Êtes-vous capable d'identifier les peurs que provoque votre enfant en vous ?

_____

_____

16- Vous considérez-vous comme un père refoulé, frustré, agressif et rebelle ou un père doux, calme et raisonnable ?

_____

_____

17- Êtes-vous à l'écoute des peurs de votre enfant ?

_____

18- Existe-t-il un climat de confiance et d'intimité entre vous et votre enfant ?

_____

_____

19- Considérez-vous que votre enfant est conscient de l'importance qu'il a à vos yeux ?

_____

_____

20- Comment votre enfant aime-t-il être regardé et écouté ?

_____

_____

21- Comment votre enfant vous fait-il plaisir dans le but d'être aimé ?

_____

_____

22- Comment vous y prenez-vous pour lui faire plaisir ?

_____

_____

23- Avez-vous l'habitude de défier ou de menacer votre enfant ?

_____

_____

Développer le sentiment de sécurité

Dès sa naissance, l'enfant recherche la sécurité. À l'aide de ses sens, il la trouve en sentant l'odeur de sa mère, en étant en contact avec sa peau et sa chaleur, en écoutant sa voix. Telle est la complicité entre la mère et l'enfant.

Le rôle du père n'est-il pas d'aider l'enfant à aller vers le monde extérieur avec assurance. La mère, étant considérée par l'enfant, comme la première image de sécurité, le père peut aider l'enfant à rompre le lien maternel et à quitter la présence rassurante de la mère. Remarquez comme l'enfant se tourne vers sa mère pour être réconforté et consolé ! Elle occupe une grande place dans l'univers de l'enfant, souvent elle souhaiterait une plus grande implication de son conjoint, mais son omniprésence a tendance à exclure le père sans lui laisser de chance. Il arrive que la mère, par peur de perdre ce monopole, invoque les dangers du monde extérieur pour conserver un contact affectif exclusif avec l'enfant et lui refuser ainsi le contact avec les autres.

Selon Jean Montplaisir, psychologue et directeur du centre Psycho-ressources de Ste-Foy à Québec, la mère a tendance, par de petits gestes et des messages invitants, à éloigner les enfants de leur père. Elle s'accapare l'enfant pour jouer son rôle. Ailleurs, il dit: «Une plus grande proximité affective du père ne changera jamais complètement ce lien fondamental mais aidera davantage l'enfant à sentir qu'il peut graduellement se couper de la fusion intra-utérine et sortir dans le monde avec sécurité».[8]

Le père a une place importante à prendre pour aider l'enfant à se séparer de l'univers maternel et à pouvoir s'assumer dans le monde extérieur.

Il est important de préciser que l'enfant abandonné entièrement à sa mère a de la difficulté à se couper de cette fusion. La séparation de l'enfant d'avec sa mère est une étape importante. Le père a un rôle à jouer dans la socialisation de l'enfant.

Par votre présence et votre capacité d'occuper votre place, vous aiderez votre enfant à quitter le nid maternel auquel souvent trop d'hommes restent accrochés.

Vous pouvez, vous aussi, être une image de sécurité si vous êtes présent, doux, affectueux, sensuel et chaleureux.

«Au lieu de nous aider à sortir du nid, nos pères absents nous ont abandonnés dans la rassurante symbiose avec la mère».[9]

L'affection exprimée à votre enfant l'aidera à mieux vivre la coupure avec la famille, lui fera voir un modèle de père accessible et l'aidera à connaître une sécurité affective importante.

> *Ce n'est pas votre absence qui aidera votre enfant à découvrir l'autonomie et l'intégration sociale.*

Il ne s'agit pas de le sur-protéger mais de répondre à ses besoins pour que, par la suite, il prenne en charge son propre devenir. La protection est un élément important pour répondre au sentiment de sécurité. Un enfant qui reçoit de la sécurité affective et matérielle développe sa confiance en lui, qualité qui peut l'amener à de grands accomplissements.

---

8. Revue Au Masculin, vol. 4 no 7, novembre 86, p. 8.
9. Revue Au Masculin, Jean Montplaisir, vol. 4 no 7, novembre 86, p. 10.

L'insécurité provoque chez l'enfant des **doutes**, des **incertitudes** et des **complexes** qui font de lui un être vulnérable et fragile.

L'enfant sécurisé a une confiance qui lui permet d'avoir une plus grande autonomie intellectuelle, physique, affective, sociale, sensorielle et spirituelle. Sa sécurité prend racine dans sa famille.

Mon expérience auprès des jeunes m'a fait prendre conscience que l'insécurité se développe chez l'enfant par certaines peurs telles que:

— la peur de tomber
— la peur du vide et de l'inconnu
— la peur du changement.

Dans cette deuxième partie, je vais aborder surtout les peurs dont j'ai été témoin dans mon rôle d'entraîneur et d'éducateur physique.

La peur de tomber

Selon plusieurs spécialistes, la peur de tomber est une peur innée chez l'enfant. Dans l'apprentissage de la marche, l'enfant est confronté à cette peur. Dans toutes les situations où le **risque de chute** est présent, la peur de tomber peut apparaître chez l'enfant. La marche, la course, le ski, le patinage et le vélo sont des activités où l'exécutant doit lutter pour garder son équilibre.

Par instinct de conservation, l'enfant agit selon ses capacités de maintenir son équilibre. Chacune de ses tentatives est reliée au raisonnement suivant: «Suis-je capable ?» - «Y a-t-il du danger ?» - «Suis-je à la hauteur ?».

La peur de tomber augmente en fonction des expériences vécues. Plus la sensation de malaise et de douleur a été imprimée chez l'enfant, plus sa peur de tomber est grande, car connaissant les conséquences de la chute, il est moins stimulé à risquer.

L'enfant recherchant l'équilibre, est porté par réflexe à se retenir et à s'agripper. Remarquez comment un enfant qui est dans l'eau est porté à s'accrocher à vous de peur que vous le laissiez tomber. L'enfant est moins insécure dans une piscine à cause de la possibilité de s'agripper sur les côtés que dans un lac. Le même réflexe est présent en patins ou lors de l'apprentissage de la marche et de la bicyclette.

Aidez-le à acquérir de l'assurance, rien ne sert de le bousculer. La peur se surmonte avec le temps, par apprivoisement. La maturité émotive de l'enfant est un facteur de réussite pour vaincre la peur de tomber.

Évidemment, vous devez aussi tenir compte de la maturité physique. La force, l'agilité, la coordination et l'équilibre de l'enfant sont d'autres facteurs qui entrent en ligne de compte.

Lorsque son comportement est régi par la peur, l'enfant vit des blocages qui provoque une diminution de son initiative, de sa créativité et de son expérimentation; donc, de tout ce qui rejoint la connaissance de soi et de son environnement physique et social.

Son instinct de conservation le protège. Par contre, poussées à l'extrême, ces peurs provoquent des malaises, des douleurs et même des maladies. Dans ces situations, les réactions corporelles sont considérées comme moins risquées que le fait de lâcher prise, d'abandonner sa bouée.

Apprenez à votre enfant à se séparer de sa mère, afin qu'il n'ait pas peur de grandir. Aidez votre enfant à contrôler cette peur, dans son corps et dans sa tête afin qu'il puisse mieux s'assumer dans la vie. Aidez-le à se libérer des peurs qu'il associe à celle de tomber.

Démontrez à votre enfant qu'il est capable de réussir et semez du positif dans son esprit afin qu'il ne soit pas restreint par vos propres peurs.

Transmettez-lui les messages suivants:

— Je sais que tu es capable.
— Je suis avec toi.
— Je te supporte.

> *Attention à: si tu veux, tu peux (il se peut qu'un enfant ne mesure jamais six pieds, même s'il le voulait). Soyez réaliste !*

C'est souvent à cause d'un manque de confiance que l'enfant abandonne. Aidez-le à se découvrir. Apprenez-lui à **accepter** ses peurs, à les apprivoiser et à les surmonter.

«Il a besoin de trouver le regard de quelqu'un présent à lui qui lui dit: «J'ai confiance en toi!», et de quelqu'un qui l'aide à reprendre vie et à retrouver l'espérance perdue».[10]

Comme la peur de tomber est la peur du vide, aidez-le à bien s'enraciner. Les racines sont importantes pour que l'enfant reste debout dans les tempêtes de la vie comme par beau temps. Il a besoin de racines solides venant d'une terre saine et nourrissante pour cultiver en lui la confiance, l'espoir, la paix et la sécurité.

Une façon d'aider son enfant, c'est le sécuriser suffisamment pour que sa personnalité puisse s'épanouir.

---

10. **Ton Silence M'appelle,** Jean Vanier, éditions Bellarmin, Montréal, 1980, p. 72.

La peur de tomber est souvent reliée au stress que provoquent:

1- la peur de l'échec
2- les insuccès scolaires
3- la peur d'être abandonné
4- la peur de grandir et de la séparation.

Il faut apprendre à monter les marches de la vie une par une et aussi à les descendre. L'enfant ne peut pas être à la hauteur dans tout. Avant que la marche ne soit trop haute, apprenez-lui à tomber de moins haut et à se relever sans trop de blessures physiques et psychologiques.

Aux barres parallèles, en gymnastique, les garçons ont tellement peur de ne pas réussir et de tomber qu'ils deviennent **raides** comme des barres. La rigidité les rend plus vulnérables aux blessures, s'il y a chute. Les tensions musculaires existent non seulement pour retrouver le centre de gravité, mais aussi pour contrer la peur de tomber. Quand l'enfant tombe, ses raideurs se transforment en **douleurs.**

Il est important de lâcher prise pour éviter de se faire trop mal. Cela permet de nous relever plus rapidement et les chutes sont moins graves.

Que ce soit dans la vie, à l'école, au travail, en ski, à cheval, en gymnastique, à vélo, l'enfant qui résiste développe une plus grande vulnérabilité aux chutes. Les coups sont plus durs à encaisser physiquement et psychologiquement quand on est tendu.

Apprenez pour vous et votre enfant à être souple, ouvert, accueillant en vous abandonnant sans crainte.

Voici cinq techniques de motivation pour augmenter la confiance de l'enfant:

1- Accordez-lui du soutien, de l'encouragement, de la compréhension et du respect pour ce qu'il réalise. Ceci est très important, afin qu'il ne sente pas que vous doutez de lui.
2- Accueillez-le avec ses forces et ses limites.
3- Aidez-le à accepter et à surmonter ses peurs.
4- Donnez-lui les moyens et les outils pour favoriser son développement personnel.
5- Aidez-le à se relever lorsqu'il tombe.

Les prochaines questions vous serviront à réaliser si vous êtes: perfectionniste, idéaliste, exigeant et critique ou bien raisonnable, calme et prêt à aider.

Questions

1- Offrez-vous suffisamment de sécurité affective et matérielle à votre enfant ?

_____

_____

2- Êtes-vous un modèle de sécurité et de réussite ?

_____

_____

3- Dramatisez-vous les échecs de votre enfant ?

_____

4- Êtes-vous un père exigeant ?

_____

5- Êtes-vous à l'écoute des peurs de votre enfant ?

_____

6- Vos exigences sont-elles raisonnables ?

_____

7- Vos attentes sont-elles réalistes ?

_____

8- Tomber, pour vous, est-ce une faiblesse ou une expérience ?

_____

9- Demander de l'aide, pour vous, est-ce un manque, une faiblesse ou une force ?

_____

10- Êtes-vous un père qui critique ou un père qui aide ?

_____

11- Savez-vous pourquoi votre enfant a peur de l'échec ?

_____

_____

12- Êtes-vous présent et compréhensif face aux échecs de votre enfant ?

_____

_____

_____

13- Acceptez-vous difficilement la défaite ?

_____

14- Avez-vous peur du succès ?

_____

15- Acceptez-vous vos forces et vos limites ?

_____

_____

16- Acceptez-vous les limites de votre enfant ?

_____

_____

La sécurité affective et psychologique est la racine de l'équilibre de l'enfant. Elle l'aide à faire face à ses différentes peurs. Vivant dans une société d'exigences, l'enfant développe des peurs qui menacent son corps et son esprit. Voici une liste d'activités physiques qui peuvent aider votre enfant à apprivoiser sa peur de tomber.

- gymnastique au sol et aux appareils
- patinage et ballon sur glace
- ski nordique, alpin, acrobatique et nautique
- vélo-cross et bicyclette
- rouli-roulant
- planche à voile et surf
- judo, lutte et karaté
- échasses
- parachute, delta plane, escalade, spéléologie
- balançoire
- équitation
- jeux de pyramide
- grimper (câble, poteau, échelle, mur, arbre, etc.)
- sauter (eau, neige, feuilles, trampoline, etc.).

En résumé, aidez votre enfant à se libérer de ses peurs et à vivre ainsi dans un corps et un esprit sains, en prenant plaisir à grandir.

L'enfant doit apprendre à s'abandonner et à lâcher prise afin de bien grandir dans son environnement intérieur, physique et social.

Apprenez pour vous et votre enfant à devenir présent en étant plus à l'aise et plus libre pour recevoir les autres. Brisez les murs pour entrer en contact réel avec vous et votre enfant.

Regardez-le avec votre coeur, votre présence le nourrira et le stimulera.

Donnez-vous du temps pour vous apprivoiser l'un et l'autre. La confiance est fondamentale pour vous unir.

La peur de l'inconnu

Le sentiment d'insécurité augmente lorsque l'enfant a peur de l'inconnu. Il se sent menacé en présence de **l'étranger** et de la **nouveauté.** Très jeune, il se rapproche de sa mère devant les gens et les choses qui lui causent un déplaisir ou de la peur.

Dans une société où l'homme a peu de temps pour se connaître, connaître l'autre et son environnement, l'inconnu devient une menace.

La sécurité de l'enfant face à l'inconnu, à la nouveauté et à l'étranger est proportionnelle à sa confiance en lui-même.

L'enfant craintif a moins que d'autres le réflexe d'explorer son milieu familial et social. Envahi par la peur de l'inconnu, il peut paniquer sérieusement. Comme pour toutes les peurs, l'enfant a besoin d'être sécurisé par son père afin de retrouver le calme et la paix intérieure. **Souvent coupé de ses émotions, l'enfant vulnérable a besoin d'une présence pour le rassurer et le réconforter.** Ayant peu de pouvoir sur le futur ou le lendemain, l'enfant développe une forme d'anxiété. **Il a peur de ce qui peut lui arriver.** Apprenez-lui à contrôler cette anxiété, car elle peut provoquer des réactions physiques et psychologiques insupportables. Vivre dans l'immédiat est une façon de se sécuriser.

Il est important que le père ait une bonne maîtrise de soi, pour calmer l'enfant en période de crise d'anxiété et d'angoisse.

Par manque de références et d'informations, l'enfant devient insécure en présence de l'inconnu. Il a besoin d'un guide, d'un chef sur qui il peut compter.

Observez comme il est insécurisant de conduire votre voiture avec un pare-brise givré !

Imaginez que vous descendez une pente de ski les yeux fermés ! Marchez dans la noirceur. Ces trois sensations sont caractéristiques de la peur de l'inconnu.

L'enfant a besoin de vivre dans l'assurance et la confiance pour s'aventurer. Composer avec des situations, des personnes et des choses dont le contrôle nous échappe provoque la peur. **On se sent bien quand on sait où on va ou quand on sait ce que l'on veut.** Vivre dans la méfiance, c'est stressant.

Quand on se sent insécure, c'est parce que nos peurs sont plus grandes que notre confiance. Se faire confiance et faire confiance aux autres est nécessaire pour vivre pleinement le moment présent.

La peur du changement

Le changement provoque parfois chez l'enfant comme chez l'adulte certaines peurs. Chacun ayant un degré de conservation plus ou moins élevé, il se manifeste chez toute personne une certaine résistance au changement. Le changement déclenche parfois des réactions physiques et psychologiques déconcertantes.

La capacité d'adaptation de l'enfant est étroitement liée à sa peur du changement. Un enfant vivant constamment des changements dans son milieu familial, scolaire, sportif et social peut se retrouver avec des traumatismes psychiques. Il a besoin d'un minimum de **stabilité** pour s'intégrer et développer son pouvoir intime afin qu'il se sente en harmonie avec son environnement. Aussi, une certaine période d'adaptation doit être prise en considération lorsqu'il a à s'ajuster à différents changements.

L'enfant, comparativement à l'adulte, possède une plus grande capacité de s'adapter autant sur le plan intérieur que physique et social. Il possède aussi plus d'ouverture et de tolérance.

L'équilibre, la confiance et l'autonomie sont toutes des qualités qui aident l'enfant à supporter le changement. Combien d'enfants ont du mal à s'adapter à cause du stress causé par le changement.

Laissez-lui le temps de créer des liens avec son nouveau milieu pour qu'il s'adapte et s'intègre totalement dans la plus grande liberté d'action.

La difficulté d'adaptation rend parfois l'enfant hyperactif. L'inaction devient pour lui difficile et menaçante. **Il n'est jamais présent, il voudrait être partout à la fois mais en réalité il n'est nulle part.** Il a besoin d'apprendre à se connaître dans son milieu intérieur, physique et social.

Aidez-le à développer son équilibre, sa confiance, son autonomie et son indépendance pour qu'il vole un jour de ses propres ailes et qu'il se sécurise par lui-même sans être dépendant de vous.

Développer le sentiment d'identité

L'enfant ne peut s'épanouir et devenir un être autonome s'il n'a pas eu, avant de quitter la cellule familiale, le support nécessaire pour développer son identité.

Vivant dans une société où l'acceptation des différences et des imperfections est peu courante, n'est-ce pas difficile pour l'enfant d'être lui-même ?

L'enfant imite et prendra comme modèle les personnes de son environnement social et celles qu'il voit à la télévision.

Est-ce que ses modèles sont accessibles ?

L'enfant reproduit des attitudes et des comportements. Il imite son père. Il se reconnaît en lui.

Vivant dans une société où les apparences ont beaucoup d'importance, l'enfant regarde de plus en plus avec les yeux et de moins en moins avec le coeur. L'intériorité de l'enfant est diminuée par cette fièvre qui l'amène à se concentrer sur l'aspect physique et esthétique. Il faut lui apprendre à voir avec le coeur et non seulement avec les yeux, à juger non seulement l'apparence des gens mais aussi leur être véritable. Apprenez-lui à regarder les autres de l'intérieur. Si les yeux se trompent, tous les gens sont trompés.

Dans notre société, **l'attrait physique est un signe d'acceptation sociale.** L'enfant est en quête d'acceptation, il se refère souvent aux modèles inaccessibles qu'on lui présente, ce qui peut le rendre malheureux. Très souvent, il développe des complexes en cherchant à être quelqu'un d'autre que lui-même.

Le père est capable d'aider son enfant à développer son identité. Il est une référence importante pour son enfant, à l'exemple de l'entraîneur ou de l'enseignant.

L'enfant a besoin de modèles, de structures, de cadres et de références accessibles pour s'épanouir pleinement.

Donnez un sens à sa vie et beaucoup de complexes, de problèmes, d'angoisses et de pensées négatives disparaîtront.

Apprenez à l'accueillir avec ses forces et ses limites. Il a besoin d'un père vrai, parfois fort et parfois vulnérable. Il a besoin de se sentir uni à sa famille et reconnu par elle, comme le joueur de hockey et son équipe, comme l'étudiant et son école.

La présence et l'autorité paternelle excessive tout autant que l'indifférence et l'absence peuvent empêcher l'enfant de développer son identité.

La peur d'être jugé, blâmé ou critiqué

Quelle peur que celle d'être jugé ! Le jugement de l'autre prend tellement d'importance quand on est à la recherche d'approbation.

J'ai constaté que l'enfant qui possède une estime de lui-même affaiblie est dépendant des jugements, des blâmes et des critiques des autres. Il est profondément affecté par les attitudes et les paroles des autres à son égard. Il peut même être facilement détruit ou découragé par ces jugements.

Anecdote

Invité à témoigner dans un cours de religion, à l'école où je travaille, j'ai orienté mon discours sur le **regard**. J'ai parlé du regard sévère et du regard critique, mais surtout du regard où l'enfant se sent jugé.

Les étudiants ont bien aimé ce discours. Ils se sont reconnus dans cette peur d'être jugés. Ils ont été sensibilisés à la fausseté des préjugés et des modèles proposés par la société. Ils ont appris que le fait de regarder seulement avec les yeux peut être un piège.

Toutefois, nous pouvons tous apprendre à apprivoiser la peur du regard des autres et à cohabiter avec elle. Avant de juger qui que ce soit, prenez la peine d'évaluer le contexte et la situation au lieu de vous enfermer dans une étroitesse d'esprit. Si vous êtes plus ouvert, votre enfant se sentira moins menacé, donc, moins jugé.

Qui sommes-nous, pour juger ?

Rien de plus nocif pour un enfant qu'un père qui le critique et le juge gratuitement.

Un enfant négatif a été alimenté par des sources négatives (père frustré, déçu ou brisé). Le père qui critique toujours négativement est un homme malheureux. Son image de lui-même est négative. **Par le fait même, préoccupé par ses propres conflits, le père n'est pas disponible pour son enfant.** Il est trop centré sur lui-même. L'enfant a besoin d'un père disponible et qui fait preuve de jugement, de discernement et d'un bon raisonnement. Un père préoccupé par lui-même est peu disposé à favoriser l'épanouissement de son enfant.

Aimer son enfant, c'est bien, mais le lui dire, c'est franchement mieux. Apprenez à utiliser des mots trop souvent tabous: tu es agréable, tu es aimable, tu es important.

Éduquer son enfant à voir et à écouter, c'est l'aider à développer sa perception de lui-même et de son environnement.

L'enfant doit apprendre à se regarder positivement pour s'accepter et s'aimer.

Faites voir à votre enfant ce qu'il y a de bon à l'intérieur et à l'extérieur de lui, ouvrez-lui les yeux.

C'est par les yeux que l'enfant achète: une idée, une opinion, un jouet, un livre, etc.

La vue peut très bien être utilisée par l'enfant pour développer sa perception et son ouverture d'esprit, au lieu d'être un moyen de consommation. La vision des choses qu'a votre enfant lui servira à avancer dans la vie.

L'enfant ne peut acheter ou acquérir tout ce qu'il voit. Il doit apprendre à apprécier ce qu'il a, car s'il regarde seulement ce qui lui manque, il sera déçu et frustré.

Apprenez-lui à voir le visible pour qu'il soit capable de voir l'invisible; rendez-lui visible ce qui lui est invisible.

Dans mon travail d'enseignant, j'ai remarqué que les étudiants de peur d'être jugés, s'isolent et se retirent souvent d'eux-mêmes. C'est une lutte constante pour l'enfant que celle de bien paraître et d'être à la hauteur; s'il n'y arrive pas, il se cache derrière ses peurs. **Il a peur du ridicule.** Pourtant, s'il apprenait à accepter ses limites, il serait moins étouffé et emprisonné par cette lutte.

Il est important qu'un père révèle à son enfant qu'il a aussi des peurs, des limites et des imperfections, pour que celui-ci puisse s'identifier à un modèle humain et accessible, sans peur d'être jugé. N'hésitez pas à avouer vos limites sans ressentir un sentiment d'infériorité.

Un père ne peut être remplacé dans le coeur d'un enfant. Je vous encourage à lui donner beaucoup d'affection et d'importance, personne n'est mort d'avoir reçu trop d'attention, cependant un enfant ignoré est un enfant presque mort.

Trop de parents sont incapables de voir les bons côtés de leur enfant. Ils témoignent en revanche facilement de ce qui les dérange, les frustre et les déçoit. Apprenez à apprécier ce qu'il y a de bon en votre enfant; **vous réaliserez que, quelque part, il vous ressemble.**

À l'aide des questions suivantes, vous aurez une meilleure idée de votre peur d'être jugé et ridiculisé ainsi qu'une opinion plus juste de votre tendance à juger et critiquer gratuitement les autres.

Questions

1- Avez-vous eu un père critiqueur ?

_____

2- Avez-vous l'habitude d'être critiqué ?

_____

3- Comment réagissez-vous face à la critique ?

_____

_____

_____

4- Avez-vous peur d'être jugé ?

_____

5- Jugez-vous gratuitement ?

_____

_____

6- Acceptez-vous facilement les limites, les différences et les imperfections de votre enfant ?

_____

_____

7- Comment acceptez-vous vos limites ?

_____

_____

8- Avez-vous besoin de l'approbation et de la confirmation des autres ?

_____

9- Sentez-vous le besoin de vous justifier continuellement ?

_____

10- Êtes-vous un père qui s'interroge sur lui-même (introspection) ?

_____

_____

11- Êtes-vous du genre à «glacer» ou blesser les autres ?

_____

_____

12- Accordez-vous suffisamment d'affection à votre enfant ?

_____

_____

13- Êtes-vous trop préoccupé par vos problèmes personnels dans votre rôle paternel ?

_____

_____

14- Êtes-vous à l'écoute de votre moi-enfant ?

_____

_____

Accompagnant la peur d'être jugé, d'autres peurs sont vécues par l'enfant: celle d'avoir honte, d'être humilié et de mal paraître.

Le regard de l'autre peut toucher et affecter l'image qu'a l'enfant de lui-même. Cela peut-être difficile pour lui de vivre librement et spontanément. Les règles, les normes et les exigences qu'on lui impose influencent sa propre identité.

Se montrer nu face à l'autre, avec ses richesses et ses manques, n'est pas facile. Mais cela nous délivre des pressions et du stress.

Important: apprenez toutefois à ne pas vous culpabiliser lorsque vous avouez vos limites, vos intolérances, vos incompétences, vos angoisses et vos insatisfactions à votre enfant.

Vous êtes un être humain. Vous êtes un père et non un sur-père. Ne soyez pas victime d'une mauvaise identité. Écoutez-vous et respectez votre propre personnalité. Personne ne pourra vous reprocher votre franchise. Insistez sur ce que vous attendez de votre enfant en exprimant vos règles et vos normes et acceptez de vivre parfois dans le désaccord et la confrontation.

Avez-vous vraiment besoin d'être populaire pour être aimé ?

La peur de l'intimité

Dans le chapitre cinq, j'ai parlé des sens. Le sens du toucher m'a permis de glisser quelques mots sur l'intimité. Chaque enfant possède la sienne propre.

Certains enfants développent leur identité avant leur intimité, alors que pour d'autres, c'est l'inverse. L'intimité représente l'intériorité, les valeurs, les principes, les secrets, les racines de l'enfant. À l'intérieur de son environnement familial et social, l'enfant développe son intimité selon son caractère, son tempérament et sa personnalité. Il vit de l'intimité avec sa famille, avec ses amis et en vivra plus tard avec une seule personne. Il est à la recherche de cette intimité, selon ses besoins, ses désirs et ses intérêts. Dans un climat de peur ou de gêne, l'enfant fuit l'intimité; il recherche plutôt les rapports sociaux, le groupe d'amis par exemple. L'intimité est pour certains enfants une situation stressante et menaçante. Moins l'enfant se sentira menacé par une relation d'intimité et plus il lui sera facile de se découvrir et de découvrir l'autre.

L'adolescence démontre bien que pour connaître l'intimité, l'enfant doit être capable d'exprimer les sentiments et les émotions qu'il ressent. Il ne doit pas avoir peur de lui-même.

Un enfant sauvage est difficile à apprivoiser. L'apprivoisement est une façon de créer une intimité psychologique avec l'autre.

C'est en étant à l'écoute de lui-même que l'enfant découvre son intimité. À travers ses peurs, il se fabrique des résistances, des blocages et des écrans protecteurs.

Comme un rosier, un enfant rempli d'épines est difficile à approcher et à accueillir, donc à connaître et à comprendre.

Respecter l'intimité de son enfant, c'est l'aider à vivre et à grandir.

> *Il est important de ne pas envahir son enfant, comme*
> *il est important de ne pas se laisser envahir par lui.*

L'intimité de l'enfant délimite son espace vital. C'est là qu'il vit ses peurs et ses désirs.

Par la recherche de son intimité, l'enfant apprend à s'accepter, à se respecter et à s'écouter, donc à vivre selon ses propres besoins.

Vivre son intimité, c'est ouvrir la porte aux cinq sens; c'est se donner la vie; c'est se permettre de grandir.

Le développement de l'intimité déclenche chez l'enfant une **forme d'indépendance** face au père et à la mère. En d'autres mots, l'intimité crée une séparation entre l'enfant et ses parents.

L'envahissement des parents peut perturber l'intimité de l'enfant; il risque de ne pas s'identifier clairement à cause d'une présence excessive des parents.

Les relations intimes créent des peurs car elles impliquent des risques et exigent beaucoup de l'enfant. Elles sont parfois menaçantes car elles l'obligent à révéler ses sentiments les plus profonds.

Un enfant qui a peur de l'intimité risque de se retrouver dans la solitude avec les refoulements que cela implique.

J'ai réalisé que c'est lors des malaises créés par la solitude que l'enfant se risque à vivre une relation intime. Par besoin d'être aidé, l'enfant s'impliquera et s'engagera dans une relation intime.

> *Nul ne se suffit à lui-même: nous aurons toujours besoin des autres.*

Rechercher l'intimité n'est pas un projet facile, mais c'est une expérience qu'il faut vivre pour s'ouvrir aux autres.

L'intimité, c'est apprivoiser l'autre, s'en soucier et être présent. Dans votre relation avec votre enfant, laissez tomber votre orgueil et votre autorité paternelle; exprimez, sans vous priver, ce que vous ressentez pour lui.

Exemple: «Je t'aime, j'ai besoin de toi, je suis heureux d'être ton père...»

Servez-vous de vos cinq sens pour être intime avec votre enfant, sans honte et sans crainte d'être jugé. **Il a besoin de votre affection, de votre tendresse et de votre chaleur car personne d'autre ne pourra vous remplacer.** N'attendez pas qu'il ait grandi et quitté la maison. C'est souvent en l'absence de l'autre que l'on réalise son importance. Votre véritable intimité avec lui l'aidera à établir plus tard d'autres relations semblables, ce qui favorisera son équilibre et son épanouissement personnel.

L'intimité est un signe de maturité. En prenant soin de développer son intimité, vous verrez qu'il est possible de construire une relation basée sur le partage, le respect et l'écoute, et non pas sur le pouvoir, l'autorité et la domination.

Créez des liens avec votre enfant et vous l'aiderez à construire son «JE», son identité propre et son «NOUS», son intimité.

Ce JE est son **identité**, c'est son espace, son moi, son affirmation, ses imperfections, ses différences, ses limites, ses forces, ses valeurs, ses principes, ses convictions, ses croyances, ses besoins, ses intérêts, ses attentes, ses goûts, ses désirs, etc.

Ce NOUS est son **intimité**, c'est le lien qu'il crée avec l'autre, le partage, l'écoute, le respect, la compréhension, la confiance, la disponibilité, l'acceptation de l'autre. C'est ce qui lui **permet d'exprimer comment il veut être aimé.** C'est ce qui lui permet d'oser demander dans une relation où chacun peut être lui-même.

L'intimité fait peur parce qu'on risque d'être humilié en se montrant à nu avec nos forces et nos faiblesses. L'orgueil, la fierté et la vertu sont des attitudes qui nous protègent contre l'intimité.

Par peur de perdre la face devant l'opinion et le jugement des autres, l'intimité est étouffée par «l'identité» reconnue socialement et professionnellement.

L'intimité permet à l'enfant d'être reconnu affectivement, ce qui est indispensable pour atteindre un équilibre.

Handicapé par l'absence d'intimité, l'enfant grandit avec la peur de décevoir, de ne pas être à la hauteur, de perdre toute maîtrise, de s'abandonner, de lâcher prise. Aidez votre enfant à se dégager des emprises de son environnement familial et social.

La peur de prendre sa place et de s'affirmer

Il est important que l'enfant sache bien la place qu'il occupe dans sa famille, parmi ses amis et dans la société. Il a besoin de reconnaître la place que vous lui accordez dans la famille.

Parfois étouffés par la présence des parents, des frères ou des soeurs, certains enfants ont de la difficulté à prendre leur place. Ils se sentent brimés et frustrés. Accordez de la place à votre enfant sans vous laisser envahir. C'est fondamental pour qu'il développe **identité, leadership** et **affirmation.**

Mon expérience comme entraîneur m'a appris qu'il est important de donner une place à chaque joueur au sein de l'équipe, alors voici cinq suggestions pour votre enfant:

- Apprenez à négocier en sa présence
- Apprenez à le guider au lieu de tout faire à sa place
- Apprenez-lui à développer son autonomie et son leadership
- Apprenez à lui donner des responsabilités à sa mesure
- Apprenez à vous situer l'un par rapport à l'autre.

L'enfant a besoin de se sentir libre de prendre ou non sa place.

> *Des parents qui laissent leur enfant tout faire ou qui veulent tout faire pour lui nuisent à son degré d'identité.*

Les bonnes intentions peuvent, à l'occasion, détériorer votre relation avec votre enfant. Appliquez le proverbe chinois suivant: «Au lieu de lui donner du poisson chaque jour, apprenez-lui à pêcher».

Donnez-lui la possibilité de s'épanouir librement sans que vous en soyez la victime.

Comme lors d'une joute de hockey, l'enfant doit prendre sa place et l'occuper selon sa propre identité. C'est un bon apprentissage afin qu'il puisse **choisir** ce qui est bon pour lui dans son environnement intérieur, physique et social.

À l'écoute de lui-même, l'enfant occupe l'espace dont il a besoin, ni plus ni moins. Un enfant, qui a peur de prendre sa place s'élimine et se retire. Son espace vital est donc réduit. Avoir peur de prendre sa place c'est frustrant et ça amoindrit l'estime de soi.

Avoir peur de prendre sa place, c'est avoir peur de quitter sa bulle psychologique protectrice ou de laisser l'autre y entrer.

Que votre présence ne soit pas une emprise sur votre enfant mais un **tremplin**. Il doit faire ses propres apprentissages.

Vous n'avez pas à tout faire pour lui démontrer que vous l'aimez; vous n'avez qu'à le lui dire. Il sera stimulé à mieux savoir, savoir-être et savoir-faire.

Ce dernier exercice vous permettra d'identifier quelle place vous prenez dans la vie de votre enfant et quelle place il occupe dans la vôtre.

Questions

1- *Êtes-vous un père qui voit les bons côtés de son enfant ?*

_____

_____

2- *Êtes-vous capable de voir vos bons côtés ?*

_____

_____

3- Êtes-vous capable de dire «Je t'aime» à votre enfant ?

_____

4- Envahissez-vous l'intimité de votre enfant ?

_____

5- Accordez-vous de la place à votre enfant dans la famille ?

_____

_____

6- Avez-vous peur de prendre votre place comme père ?

_____

_____

7- Votre enfant est-il envahissant ?

_____

_____

8- Êtes-vous victime de vos peurs ?

_____

_____

9- Comment vivez-vous l'indépendance de votre enfant ? (comme un rejet ou une séparation)

_____

_____

10- Avez-vous du leadership ?

_____

_____

Face aux peurs reliées au sentiment d'identité, le père doit aider son enfant en lui présentant un modèle d'être humain ayant des forces et des limites. L'image que vous lui projetez l'inspire dans sa quête d'identité. Votre exemple devient alors un témoignage significatif qui influencera ses attitudes.

Par votre présence, démontrez-lui l'importance qu'il a à vos yeux et apprenez à le lui dire affectueusement.

Répondez à son besoin d'être admiré pour que son estime de soi s'enrichisse.

Rappelez-vous que vos critiques, vos jugements et vos blâmes ne doivent pas prendre trop de place, car ils pourraient créer un stress désagréable chez lui et amoindrir son sentiment d'identité.

Aidez votre enfant à trouver un sens à sa vie intérieure en le guidant à l'aide de repères.

Accordez-lui la possibilité de grandir selon ses propres **désirs, goûts, intérêts** et **besoins**, sans qu'il vous envahisse.

Afin que chacun ne perde pas son sens de l'identité, faites usage de la bonne entente et d'une bonne négociation.

L'enfant vous communiquera comment il veut être admiré, écouté, entendu, touché, caressé, regardé et senti, car il a besoin de se sentir reconnu de son père. Si vous ne pouvez être attentif à cause de vos conflits, il se sentira déçu et frustré.

Sa vie aura moins de sens, puisque vous l'aurez ignoré. Prenez le temps de le choisir, il est un être important. Adressez-vous à lui en nommant le plus souvent possible son prénom, afin de mieux personnaliser votre relation. **Par exemple:**

– «**Marie**, tu es belle au lieu de: TU es belle».
– «**Réginald**, tu es gentil au lieu de: TU es gentil».

J'ai réalisé que lorsque j'appelais un étudiant par son prénom, cela le touchait plus profondément. Depuis, j'appelle le plus souvent possible les gens par leur prénom. Le prénom d'une personne correspond grandement à son intimité, alors que son nom de famille s'associe beaucoup avec son identité.

Les peurs que j'ai décrites se rattachent toutes à un sentiment durable: **l'acceptation, la sécurité** et **l'identité.**

Je n'ai parlé que des peurs que j'ai vécues ou de celles dont j'ai été témoin. Vous pourriez en ajouter un nombre infini.

Je considère que le père doit **guider** son enfant pour qu'il puisse s'identifier, maîtriser et surmonter ses peurs. Aidez votre enfant à ne pas se rendre victime ou esclave de ses peurs. La peur ravage le monde et détruit la santé mentale et physique de bien des gens.

Connaître les causes de ses peurs, c'est amorcer le processus de libération et de délivrance d'un lourd fardeau. Les peurs nous habitent et elles se cachent dans nos vies. Elles se réfugient dans notre esprit et notre corps. Elles émettent des messages, des signaux par nos malaises, nos douleurs et nos souffrances.

On découvre ses peurs en faisant une recherche intérieure. Elles apparaissent dans notre voyage intime quand on est prêt à les ressentir.

L'enfant apprivoise sa peur quand il fait l'usage de ses sens:

- il la regarde
- il l'écoute
- il la touche
- il la goûte
- il la sent.

C'est en faisant un ménage intérieur qu'il est possible de trouver les véritables causes de nos peurs. **Bien cachées, on les identifie quand on les voit et quand on est prêt à les rencontrer, sinon on passe à côté d'elles, non par négligence mais par instinct de conservation et de survie.**

Développez la confiance de votre enfant en lui donnant du support. Apprenez à lui faire confiance.

Par ailleurs, sécuriser son enfant pour l'aider à grandir et à se réaliser pleinement l'amène à se connaître avec ses forces et ses limites.

Vivant moins dans la peur, l'enfant développera un plus grand savoir, savoir-être et savoir-faire, ainsi qu'une meilleure connaissance de son environnement intérieur, physique et social.

Étant moins fragile et moins vulnérable, il se nourrira et s'alimentera en faisant un meilleur et un plus grand usage de ses cinq sens.

Vous découvrirez que votre absence peut provoquer chez votre enfant une sorte de détresse ou de vide, alors que votre présence peut créer en lui **sécurité, identité et force.**

«*Cohabiter avec l'incertitude va ultimement jusqu'à accepter que ses enfants échappent tout à fait à son contrôle, à lâcher prise quant à ses réflexes de propriété et surprotection, à ne jamais s'interposer sur la trajectoire de leurs expériences de vie, à ne plus être père ou mère mais des personnes faces à d'autres personnes*».[12]

---

12. **Une famille libre,** André Frappier, édition Primeurs, 1984, p. 81.

NOTES PERSONNELLES:

_____

_____

_____

_____

_____

_____

_____

_____

_____

_____

_____

_____

_____

_____

_____

Conclusion

Naître ou ne pas Être

Voilà l'essentiel ! Vous devez faire naître le père qui est en vous si vous voulez donner à votre enfant le père qu'il mérite. Recevoir l'enfant à la naissance c'est se donner l'occasion de naître comme père.

Si vous ne l'avez pas appris de votre père, apprenez-le de votre enfant, laissez-le vous guider; les enfants sont pour les pères d'excellents professeurs, car ils les obligent à redevenir enfants, ce que beaucoup d'hommes ont oublié depuis fort longtemps.

Votre sensibilité et votre capacité d'écoute vous serviront à mieux cerner ses besoins. Par votre attention, vous serez plus habile à répondre à ses attentes. Le bébé à la naissance n'est pas un objet ou un jouet mais une personne inachevée en plein devenir.

«*Ressentir l'enfant qui existe à chaque minute en nous, c'est savoir ce que nous avons ressenti dans notre jeunesse, et ce dont nos enfants et nous-mêmes avons besoin, nos besoins sont exactement les mêmes que ceux de nos enfants.*»[1]

---

(1) Arthur JANOV, **Prisonniers de la souffrance,** Éditions Robert Laffont, 1982, page 304.

Prenez le temps de regarder votre enfant grandir, parfois un seul regard suffit pour guérir son coeur brisé. L'enfant doit lire dans vos yeux qu'il n'est pas seul au monde. Votre présence affective est indispensable alors, sortez de votre isolement. Cultivez une bonne vision intérieure de vous comme père, cela vous aidera à projeter une meilleure image. Efforcez-vous de regarder votre enfant avec un oeil moins critique et moins sévère, ne vous laissez pas envahir par vos attentes, comme ça il se sentira moins jugé, moins blâmé, donc mieux aimé.

N'est-ce pas une belle mission que d'aimer son enfant ?

Soyez réceptif pour bien le connaître, une attention soutenue vous aidera à découvrir les nombreuses subtilités de sa personnalité, de son tempérament et de son caractère. Vous obtiendrez ainsi un portrait beaucoup plus précis de votre enfant.

En faisant usage de vos cinq sens, vous apprendrez à le connaître en profondeur et vous l'aiderez à s'épanouir. Soyez à l'écoute et compréhensif, vous éliminerez ainsi beaucoup de conflits inutiles et vous créerez pour lui un environnement favorable à son épanouissement et à son autonomie.

Attention de ne pas devenir **trop présent**, et par le fait même, envahissant ! Sachez quand vous rapprocher et quand vous éloigner. Faites-lui confiance, il vous en saura gré.

Ne vous projetez pas constamment en lui, il n'est pas un écran mais une personne à part entière. Libérez-le de vos attentes !

N'oubliez pas qu'il a besoin d'être bien encadré, il n'y a pas de pire service à rendre à un enfant que d'être trop permissif. Il a besoin de règles et d'objectifs précis, ajustés à sa mesure, pour bien prendre sa place dans la vie.

Aidez votre enfant à ouvrir sans crainte ses bras, sa bouche, son nez, ses oreilles et ses yeux en lui accordant la confiance et la sécurité dont il a besoin pour vivre.

Pourquoi les enfants ont-ils souvent peur de ceux qu'ils aiment le plus: leurs parents ?

«*Les enfants ont besoin d'entendre: quoi que tu fasses, je t'aimerai toujours. C'est le quoi que tu fasses qui sauve*».[2]

Changez l'image du père autoritaire et du père absent par une nouvelle attitude plus positive. Accordez-vous la permission d'être père malgré votre peur de ne pas être à la hauteur.

---

(2) Steve HEROUX, **Appel aux parents - La seule vérité: l'amour. Je crois,** février 1988, p. 13, vol 29 No 2.

Créez pour lui un climat de paix, de sérénité et de joie afin qu'il acquière une bonne estime de lui-même et qu'il prenne plaisir à faire fructifier ce qu'il y a de bon en lui.

N'oubliez pas que dès l'enfance s'impriment des images qui resteront toute la vie. Soyez son metteur en scène en le guidant pour qu'il exploite son savoir, son savoir-être et son savoir-faire.

Faites en sorte que votre enfant imprime de belles images sur son film intérieur pour que son album-souvenir soit un témoignage **d'amour, de richesse, de lumière et d'espoir.**

«*L'enfant vient au monde en pleurant, son père doit lui apprendre à sourire et à rire.*»[3]

Bonne paternité à tous !
Denis Taillefer.

Avant de refermer cet ouvrage, voici quelques questions qui vous permettront de prendre le temps de vous en détacher.

1- *Quels sont les mots-clés qui vous ont frappé au cours de cette lecture ?*

_____

_____

_____

_____

2- *Pourriez-vous maintenant exprimer par un dessin le sentiment que vous inspire votre rôle de père ?*

_____

(3)   Roland le poète (père de l'auteur).

3- Résumez trois passages qui vous ont particulièrement touché.

1)_____

_____

_____

_____

2)_____

_____

_____

_____

3)_____

_____

_____

_____

4- Comme vous êtes le principal responsable de vos apprentissages, pouvez-vous en énumérer trois qui vous seront très utiles ?

1)_____

_____

2)_____

_____

3)_____

_____

5- Comment résumeriez-vous, en quelques phrases, ce volume ?

_____

_____

_____

_____

_____

_____

_____

_____

Vous pouvez faire parvenir à l'auteur vos questions ou vos commentaires à l'adresse suivante:

Denis Taillefer
C.P. 453
Ste-Thérèse de Blainville, Qc
J7E 4J8

Bibliographie

ATKINSON, W.W., BEAL, Edward. (1985) **Votre désir brûlant.** Saint-Hubert: Un monde différent. 149 p.

BEAULIEU, Christian. (1986). **Jeunes, amour et sexualité.** Charlesbourg: Renouveau Novalis. 157 p.

BELTRAMI, Edouard. (1986). Le plaisir. **Revue santé et société, 8,** No 3.18.

BERGE, Yvonne. (1975). **Vivre avec son corps.** Paris: Éditions du Seuil. 173 p.

BERTHERAT, Thérèse, BERNSTEIN, Carol, (1976). **Le corps a ses raisons.** Paris: Éditions du Seuil, 201 p.

BERTHERAT, Thérèse, BERNSTEIN, Carol. (1981). **Courrier du corps.** Paris: Éditions du Seuil. 215 p.

BERTHERAT, Thérèse. (1985). **Les saisons du corps.** Paris: Albin Michel. 192 p.

BOUCHER, M. Marcel, M.D. (1986). Nutrition et hockey. **Stage niveau II pour entraîneur de hockey.** Laval: notes de cours.

BRIGGS, Corkille Dorothy. (1977). **Être soi même.** Montréal: Éditions de l'Homme. 270 p.

BUSCAGLIA, Léo. (1983). **Apprendre à vivre et à aimer.** Montréal: Éditions le Jour. 250 p.

CARDINAL, Marie. (1975). **Les mots pour le dire.** Paris: Grasset. 315 p.

CARON, Lucie. (1986). L'importance de la peau. **Psychologie du développement de la personne.**

COEUR-ATOUT, collectif 1987. Notes de cours, Colloque **La part du père,** Montréal.

COLLÈGE MARIE-VICTORIN 1980. Notes de cours, cours de **Psychologie du Sport,** Montréal.

COURTEAU, Denyse Philomène. (1984). **Relation d'aide AEG 3137.** Université de Montréal: Notes de cours.

FÉDÉRATION DU SPORT SCOLAIRE DU QUÉBEC 1988. Notes de cours, Stage II, **Psychologie et qualité d'intervention.** Laurentides.

FÉDÉRATION QUÉBÉCOISE DE HOCKEY SUR GLACE. (1985). Manuel d'entraîneurs. **Niveau entraîneur.** 104 p.

FÉDÉRATION QUÉBÉCOISE DE HOCKEY SUR GLACE. (1985). Manuel d'entraîneurs. **Niveau I.** 183 p.

FORTIN, Louis N. (1979). **Passeport pour une nouvelle vie.** Saint-Laurent: Héritage. 138 p.

FRAPPIER, R. André. (1984). **Une famille libre.** Montréal: Éditions Opinions Primeur. 188 p.

FRIDAY, Nancy. (1979) **Ma mère, mon miroir.** Paris: Robert Laffont. 412 p.

GAZETTE. (1986). Fitness and healt. How smell affect our lives. Cahier D, vendredi 21 novembre. p. 9.

GLAUDE, Albert. (1984). **Carthasis.** Montréal: Stanké. 280 p.

GOLDBERG. Herb, Dr. (1979). **Être homme.** Montréal: Le jour. 329 p.

HAY, Louise. (-). **Guérir son corps.** Document.

HÉROUX, Steve. **Appel aux parents - La seule vérité: l'amour. Je crois,** février 1988, p. 13, vol. 29 no 2.

HÉTU, Jean-Luc. (1982). **La relation d'aide.** Ottawa: Éditions du Méridien. 326 p.

JAMES, Muriel. JONGEWARD, Dorothy. (1978). **Naître gagnant.** Paris: InterÉditions. 320 p.

JANOV, Arthur. (1982). **Prisonniers de la souffrance.** Paris: Robert Laffont. 360 p.

KORENFELD, Edouard. (1986). **Les paroles du corps.** Paris: Payot. 217 p.

LEFRANÇOIS, Julie. (1984). **La gymnastique respiratoire.** Montréal: Les Presses Libres. 135 p.

LOWEN, Alexandre. (1983). **Peur de vivre.** Paris: Éditions EPI. 255 p.

MAHER, Colette. (1984). **Rajeunir par la technique Nadeau.** Montréal: Québécor. 95 p.

MARKS, Isaac, M.MD.MDM. (1979). **Vivre avec son anxiété.** Montréal: La Presse. 169 p.

MINISTÈRE DE L'ÉDUCATION. Direction générale du développement pédagogique. (1981). **Programmes d'études secondaires, éducation physique.** 122 p.

MONTPLAISIR, Jean. (1986). Homme nouveau, père nouveau ? **Revue au masculin, 4,** No 7, 8.

MURPHY, Joseph. (1980). **La puissance de votre subconscient.** Montréal: Le Jour. 213 p.

NADON, Carol. (1987). Pères absents, fils brisés. **Revue au masculin 5,** No 2, 8.

NIGELLE, Éric. (1974). **Sauvez vos nerfs.** Soissons: Andrillon. 201 p.

PAPALIA, Diane E., OLDS, Sally W. (1979). **Le développement de la personne.** Montréal: HRW. 499 p.

PATTERSON, Gérald G., GULLION, Elizabeth M. (1984). **Comment vivre avec les enfants.** Montréal: La Presse. 84 p.

PELLETIER, Denis. (1981). **L'Arc-en-soi.** Paris; Montréal: Robert Laffont, Stanké. 177 p.

PELLETIER, Denis. (1981). **Le bonheur en soi.** Paris; Montréal: Robert Laffont; Alain Stanké. 177 p.

PETIT ROBERT. (1979). Paris: Société du Nouveau Littré. 2171 p.

RADIO-CANADA. (1987). Le stress chez l'enfant. **Émission Impact.** Samedi, 10 janvier.

REICH, Welheim. (1975). **La fonction de l'orgasme.** Paris: L'Arche. 300 p.

RINI, Geri. (1985). **Comment négocier avec ses enfants... et garder le sourire.** Montréal: Libre expression. 129 p.

ROUET, Marcel. (1982). **La maîtrise de votre subconscient.** Saint-Jean de Broye, France. 368 p.

ST-ARNAUD, Yves. (1983). **Devenir autonome.** Montréal: Le Jour. 326 p.

ST-EXUPÉRY, Antoine de. (1946). **Le petit prince.** Paris: Gallimard. 93 p.

SALOME, Jacques. (1982). **Parle moi, j'ai des choses à te dire.** Montréal: Éditions de l'Homme. 253 p.

SALOMON, P. (1981). **L'art du corps.** Montréal: Desclez. 249 p.

SCHULLER, Robert H. (1981). **La paix de l'esprit.** Saint-Hubert: Un monde différent. 218 p.

SICARD, Véronique. (1987). La visualisation, apprivoisez votre oeil intérieur. **Revue Ressources santé, croissance et créativité. 2** No 2, 15-17.

TARDIF-MEUNIER, Ghislaine. (1979). **Le principe de La Fontaine.** Montréal: Libre expression. 204 p.

TORDJMAN, Gilbert. (1976). **Comment comprendre les maladies psychosomatiques.** Paris: Le hameau. 127 p.

TREMBLAY, Paul, abbé. (1987). Écrits personnels. Chicoutimi. Résumé.

TREMBLAY, Sylvain. (1987). Notes de cours. Rosemère: Externat Sacré-Coeur. Résumé.

VANIER, Jean. (1974). **Ton silence m'appelle.** Paris: Bellarmin. 126 p.

VANIER, Jean. (1986). La paix dans le monde. Conférence à l'oratoire St-Joseph de Montréal. Résumé.